D0868503

# 101 villanos en la historia de México

# 101 villanos en la historia de México

SANDRA MOLINA ARCEO

Grijalbo

**101 villanos en la historia de México**

Primera edición: agosto, 2008



www.randomhousemondadori.com.mx

Comentarios sobre la edición y contenido de este libro a:
literaria@randomhousemondadori.com.mx



ISBN 978-970-810-514-9

Impreso en México / *Printed in Mexico*

*Para Paula y Alfredo, dulces villanos de mi historia,*
*adorados tiranos, dictadores perpetuos de mi alma.*

Si se pusiera en uno de los platillos de la balanza toda la miseria del mundo y en el otro todas las culpas de los hombres, la aguja permanecería en el fiel.

ARTHUR SCHOPENHAUER

# Índice

# Introducción

Las páginas de la historia están colmadas de las virtuosas hazañas de aquellos que trascendieron en su condición de hombres, para transformarse en héroes. Sus valores e ideales han sido de provecho para transmitir, de generación en generación, el amor a la patria y para crear modelos ejemplares en beneficio del civismo.

Sin embargo, resulta también provechoso transitar la historia a contrapelo, escudriñar el lado oscuro, rozarse con los "enemigos" de la patria; hombres —y escasas mujeres— cuyos actos provocan indignación, cierto pesimismo e incluso resignación. Sirva este ejercicio inusual para conocer también a aquellos villanos que nos provocan un ápice de compasión, un instante de reflexión ante la controversia y el goce de los sentimientos encontrados.

Tanto se ha hablado de la manipulada historia oficial —que ha despojado a los héroes de su imperfecta condición humana, exaltándolos hasta el límite de semidioses—, que bien merece la pena despojar también a estos *101 villanos en la historia de México* del velo satanizado que los envuelve; no para juzgar lo que el tiempo y la historia ya han hecho, sino para ampliar la visión de los acontecimientos, dejar de observar en blanco y negro y otorgarles de manera más objetiva el crédito de antagonistas que les corresponde.

Elaborar una lista de *101 villanos en la historia de México*, cuando éstos no aparecen en la nomenclatura de las calles y avenidas del país, sus nombres no forman parte del catálogo de escuelas públicas, ni están incluidos en la elite de los villanos más odiados de la historia, no habría sido tarea fácil de no ser por la afortunada e invaluable ayuda de los historiadores Carmen Saucedo Zarco, José Manuel Villalpando y, sobre todo, de Alejandro Rosas, a quien le agradezco no sólo el consejo histórico sino la dosis exacta de fe que necesitamos los que emprendemos algo por primera vez.

Ya que en cuestión de infamias y bajezas el orden alfabético no resulta funcional, y que catalogar a los villanos en tipos y subtipos —porque hasta en lo malo existe lo peor— arrojaba un resultado desequilibrado, los *101 villanos en la historia de México* han sido colocados en el orden cronológico de los hechos, lo que permite recorrer la historia de México desde la época prehispánica hasta finales de la década de los cuarenta, transitando del lado en el que circulan los traidores, los ambiciosos, los desleales, los corruptos, los abusivos, los dictadores, los tibios, los apáticos, los cobardes, los bandidos sociales, los cómplices, los intolerantes, los fanáticos, los caciques, los opresores, los asesinos intelectuales y materiales y uno que otro condenado por la incomprensión.

Sin duda alguna la historia continúa; más villanos se antoja incluir en este libro, pero habrá que esperar a que el paso del tiempo dicte sentencia.

Junio de 2008

# 1

## TEZOZÓMOC ¿?-1427

> Mandó juntar toda la gente principal y plebe de todas las ciudades...y un capitán les dijo que desde aquel día reconociesen por su emperador y supremo señor a Tezozómoc, rey de los tepanecas.
>
> FERNANDO DE ALVA IXTLILXÓCHITL

Tezozómoc subió al trono de Azcapotzalco en 1418, y con terror amplió sus dominios; en algunas ciudades impuso como monarcas a sus hijos y en otras asesinó a los señores que no quisieron someterse ante ellos.

Para atraerse la buena voluntad del señor de los tepanecas y, de paso, menguar los tributos que su pueblo le pagaba, Huitzilíhuitl, rey de Tenochtitlan, le pidió una hija para tomarla como reina. Tezozómoc le entregó a Ayauhcihuatl y de esta unión nació Chimalpopoca.

El tlatoani de Azcapotzalco dejó de cobrar tributo a los aztecas, pero les impuso el deber de entregarle dos patos y algunos animales para que no olvidaran que, sin importar el parentesco, le debían respeto y sumisión. De inmediato comprendió las ventajas de una estrecha relación con los aztecas: además de que eran afamados guerreros, la posición geográfica y estratégica de Tenochtitlan era inapreciable. El pueblo del sol sería un excelente aliado para su próxima conquista: Texcoco.

Antes de emprender tentativa alguna sobre esta ciudad, el señor de Azcapotzalco se apoderó de las poblaciones que reconocían el poder de los texcocanos e impidió así cualquier posibilidad de alianza defensiva. Además, a sabiendas de la inexperiencia del rey Ixtlilxóchitl, decidió esperar hasta que el joven se reconociera como su tributario y, una vez logrado ese objetivo, comenzó a enviar algodón a Texcoco exigiendo la fabricación de mantas. Ixtlilxóchitl obedeció una y otra vez hasta que, harto del abuso, respondió que se quedaría con el algodón para beneficio de sus propios guerreros.

Así comenzó la guerra. Tezozómoc se alió con Tenochtitlan y Tlaltelolco e Ixtlilxóchitl no tuvo más remedio que lanzarse a la batalla, pero antes tuvo el cuidado de jurar como heredero al trono a su hijo Netzahualcóyotl, de sólo doce años de edad. La guerra no fue fácil para el señor de

Azcapotzalco, quien se negó a reconocer la supremacía que en el campo de batalla demostró Ixtlilxóchitl.

Para salir del aprieto Tezozómoc fingió sumisión y preparó en Texcoco una fiesta que era, en realidad, una trampa. Tarde se percató Ixtlilxóchitl del engaño: para entonces los aliados ya marchaban sobre la ciudad que el rey defendió durante cincuenta días, hasta que el traidor Toxpilli entregó el barrio de Chimalpan y la urbe fue tomada, saqueada e incendiada.

Mientras su nieto Chimalpopoca se coronaba rey de Tenochtitlan, Tezozómoc inició una terrible persecución contra Ixtlilxóchitl, quien se dio a la fuga con su hijo hasta que le fue imposible seguir escondido por más tiempo; entonces pidió a Netzahualcóyotl que llegado el momento tomara venganza y salió al encuentro de sus enemigos. Aunque peleó como una fiera, al final fue derrotado y asesinado ante la mirada desconsolada de su hijo, quien marchó al destierro a esperar el momento de la venganza.

Chimalpopoca, quien gozaba del cariño y la protección de su abuelo, pidió clemencia para Netzahualcóyotl e intentó detener la persecución en su contra. Con sus dominios en paz y consciente de su poder, el rey de Azcapotzalco accedió y permitió al joven regresar a la tierra de su padre, pero limitando su tránsito a Texcoco, Tenochtitlan y Tlaltelolco. Con todo, Netzahualcóyotl no olvidó su promesa de venganza.

Tezozómoc murió a muy avanzada edad, preso —según se dice— de atroces remordimientos. Las crónicas señalan que soñaba con Netzahualcóyotl convertido en águila real, posado sobre su pecho y arrancándole el corazón para devorarlo.

# 2

## MAXTLA 1402-1429

> Era inquieto y bullicioso, no sólo amigo de enseñorearse de las provincias y reinos, sino también de tener abatidos y ultrajados a los moradores de ellos.
>
> FRAY JUAN DE TORQUEMADA

Maxtla, el más cruel y ambicioso hijo de Tezozómoc, fue el último gobernante independiente de Azcapotzalco. Había recibido de manos de su padre el gobierno de Coyoacán, y su hermano Tayatzin fue designado sucesor del rey de Azcapotzalco. Tras la muerte de Tezozómoc, Maxtla se rebeló contra su hermano y, alegando ser el hijo mayor, usurpó el trono en 1427.

Durante la revuelta, Chimalpopoca le dio refugio a Tayatzin en Tenochtitlan. Netzahualcóyotl, quien padecía una nueva persecución ordenada por el usurpador, se les unió. En abierta confabulación, los tres convocaron a

Maxtla a una fiesta con la intención de darle muerte, pero fracasaron: el invitado se les adelantó y asesinó a Tayatzin.

La fallida conjura determinó también la muerte de Chimalpopoca: algunas versiones dicen que Maxtla lo hizo aprehender, lo puso en una jaula y lo mató de inanición. Otras afirman que, imaginando lo cruel que sería la muerte que le daría Maxtla, prefirió quitarse la vida.

Eliminados dos de sus principales enemigos, Maxtla lanzó su ira contra Netzahualcóyotl. Itzcóatl, quien subió al poder tras la muerte de Chimalpopoca, le dio refugio al rey poeta en Tenochtitlan: sabía que Netzahualcóyotl sería un buen aliado para hacer frente de manera definitiva a los señores de Atzcapotzalco.

Afianzado en el poder, Maxtla sometió a Tenochtitlan y Texcoco por un tiempo. El hijo de Tezozómoc trató con saña y desprecio a los aztecas, quienes vivían aterrorizados y estaban obligados a pagar abusivos tributos. Cuando la situación ya era insostenible, Itzcóatl se alió con Tacuba y Texcoco, y comenzó la guerra: durante 115 días, las tres ciudades lucharon contra Azcapotzalco hasta que lograron doblegarla; sus guerreros saquearon la ciudad y le prendieron fuego.

Maxtla huyó y se escondió en un temazcalli; ahí lo encontró Netzahualcóyotl, quien le abrió el pecho con un cuchillo de obsidiana y le arrancó el corazón para ofrecerlo no a los dioses, sino a la memoria de su padre. Así, el reinado del tirano duró solamente dos años. Con su muerte terminó el señorío independiente de Azcapotzalco, condenado en adelante a servir como mercado de esclavos bajo el yugo azteca.

# 3

## AHUÍZOTL 1467-1502

> Para hacer con mayor aparato tan horribles sacrificios ordenaron las víctimas en dos hileras... y según iban llegando eran prontamente sacrificados.
>
> FRANCISCO JAVIER CLAVIJERO

Fue Ahuízotl el octavo gobernante de Tenochtitlan entre 1486 y 1502, famoso por ser enérgico, feroz y sanguinario, y por haber peleado contra mazahuas y otomíes para consolidar su poder. Bajo su reinado el imperio azteca llegó a su mayor expansión y poderío, aunque el impulso que dio a la vida económica de la ciudad se debió en gran parte a su control sobre los traficantes o *pochtecas*, a quienes utilizaba como espías.

Durante su mandato se concluyó la edificación del Templo Mayor. Cuando inauguró la última etapa de la construcción, con el fin de honrar a Huitzilopochtli ordenó el sacrificio de miles de prisioneros durante tres días: él mismo, con un cuchillo de obsidiana, extrajo los corazones de varios hombres. Refieren las crónicas que el número de sacrificados llegó a ochenta mil.

Ahuízotl, cuyo nombre en náhuatl significa "perro de agua", murió durante una inundación provocada por su propia necedad. El tlatoani había ordenado al señor de Coyoacán —tributario de los aztecas— que abriera las fuentes para que el acueducto llevara más agua a Tenochtitlan; aceptó, pero advirtió también que "de cuando en cuando aquellas aguas se derramaban... y anegarían la ciudad de México". El gobernante tenochca consideró su advertencia como un desafío y lo mandó matar. Así, se abrieron las fuentes y un torrente de agua inundó la ciudad con tal fuerza que fue necesario abandonar el palacio real. Ahuízotl intentó escapar, pero se golpeó la cabeza y murió días después.

# 4

## MOCTEZUMA XOCOYOTZIN 1466-1520

> ...tenía sobre doscientos principales de su guarda en otras salas y cuando le iban a hablar habían de entrar descalzos y los ojos bajos, puestos en tierra y no mirarle a la cara.
>
> Bernal Díaz del Castillo

Antes de ser electo como sucesor al trono de Tenochtitlan, Moctezuma era conocido por su piedad y sencillez; una vez en el poder, su virtuosa conducta se transformó por completo.

A pesar de que los primeros años de su gobierno fueron los de mayor grandeza del imperio, fue un señor severo y despótico que explotó inhumanamente a los pueblos vasallos y a sus habitantes, quienes eran continuamente llevados al Gran Teocalli para ser sacrificados. Creó un ceremonial para evitar el contacto con la gente y obligaba a sus súbditos a bajar la mirada frente a él. Todo a su alrededor era ostentoso: gozaba de un enorme palacio, y según refieren las crónicas, llegó a poseer cerca de cuatrocientas esposas.

Soberbio y desdeñoso, tenía una debilidad: la superstición. Así, en 1519, al recibir la noticia de la llegada de extraños a las costas de México, entró en pánico: pensaba que aquellos hombres blancos y barbados eran enviados de Quetzalcóatl que venían a recuperar el trono. Para evitar que los extranjeros avanzaran hasta Tenochtitlan, les envió embajadores con presentes de oro que sólo exaltaron la codicia de los españoles. Cortés continuó su camino decidido a conquistar la ciudad; las naciones antes sojuzgadas por los aztecas pronto se aliaron con él.

Aunque Moctezuma era el tlatoani del imperio más poderoso de entonces, cedió a su propia superstición: su única traba para los extranjeros fue una pueril trampa en Cholula donde los aztecas resultaron aniquilados. No le quedó otra opción que recibir a Cortés en Tenochtitlan.

Durante el encuentro, el extranjero abrazó al tlatoani. El contacto físico no fue lo único que Moctezuma le concedió: lo alojó en el palacio de su padre, Axayácatl; se declaró vasallo del rey de España; se bautizó y facilitó a los españoles lujos y regalos. Semejante sumisión hizo que perdiera el respeto y la obediencia de su pueblo.

Cuando Cortés se vio obligado a dejar Tenochtitlan para enfrentar a Pánfilo de Narváez en Veracruz, Pedro de Alvarado, uno de sus capitanes, confundió una importante celebración azteca con una sublevación y arremetió contra los señores de Tenochtitlan. A su regreso, Cortés procuró contener la ira de los aztecas y subió con Moctezuma a una azotea para que calmara los ánimos, pero el orgulloso tlatoani fue recibido a pedradas. Algunas versiones afirman que murió días después debido a las heridas; otras señalan que Cortés le dio muerte al ver que no le servía más para sus fines de conquista.

# 5

## HERNÁN CORTÉS 1485-1547

> A Cortés es difícil quererlo, pero es imposible dejar de admirarlo.
>
> OCTAVIO PAZ

A Cortés la historia de México lo condenó desde un principio al infierno cívico: desde la óptica oficial, representó la crueldad, el abuso, la explotación española sobre México, y trescientos años de opresión. Pero su vida fue de claroscuros.

Cortés se embarcó a los 19 años rumbo a La Española, actualmente República Dominicana y Haití. Acompañó a Diego Velázquez en la conquista de Cuba y fue comisionado para explorar la costa de México. Velázquez bien sabía del carácter ambicioso de Cortés, así que sus órdenes fueron restrictivas: obtener oro y mercaderías, sin ninguna conquista o establecimiento permanente. Cortés nunca tuvo la intención de cumplir las instrucciones.

Cozumel fue el primer sitio que pisó durante su expedición a México en 1519. En ese lugar Cortés recogió a Jerónimo de Aguilar quien, víctima de un naufragio, había sido esclavizado por los indios y tuvo que aprender la lengua maya para sobrevivir, lo que le permitió incorporarse como intérprete a la expedición del conquistador.

Las naves continuaron su viaje hasta las cercanías de Potonchán, hoy estado de Tabasco. Los españoles solicitaron a los nativos permiso para abastecerse de agua y alimentos en las inmediaciones del actual río Grijalva, pero ante la violenta negativa de los indios atacaron la población por dos flancos. Cortés fue benévolo a su conveniencia: liberó a los prisioneros de guerra y en agradecimiento obtuvo como regalos víveres, joyas, tejidos y un grupo de veinte esclavas que fueron aceptadas, bautizadas y repartidas entre sus hombres; entre ellas se encontraba Malinalli, renombrada Marina, quien sería crucial para la conquista de México.

Fue en San Juan de Ulúa donde sostuvo la primera entrevista con los enviados de Moctezuma, quienes le hicieron entrega de ricos presentes con la esperanza de que el extranjero regresara por donde había venido. Pero los obsequios alimentaron la codicia de Cortés, quien no sólo percibió los temores de Moctezuma: también la posibilidad de derrocar su gran imperio por medio de una alianza con sus enemigos.

Contraviniendo las órdenes de Diego Velázquez, la decisión de Cortés fue quedarse, pelear y conquistar. Se estableció en lo que llamó la Villa Rica de la Veracruz, escribió una carta de relación al Rey de España pidiendo que aprobara todo lo hecho y formó una comisión para que la llevara a la corte junto con el tesoro obtenido hasta ese momento.

Antes de que algunos de sus hombres se embarcaran rumbo a España con su encargo, Cortés descubrió un complot para dar a Velázquez parte del tesoro que enviaba a la corte. No tuvo piedad para los traidores: Pedro Escudero y Diego Cermeño fueron ahorcados; a Gonzalo de Umbría le cortaron los pies; a cada uno de los hermanos Pañete les dieron doscientos azotes y el clérigo Juan Díaz fue amonestado. Frente a la evidente posibilidad de una nueva traición, el conquistador ordenó a sus hombres quemar las naves. Ya no tendrían oportunidad de volver a casa.

Agudo en sus observaciones, persuasivo y elocuente, Cortés aprovechó las rencillas y los odios que existían entre los diferentes pueblos prehispánicos para sumarlos a su causa y, de paso, apoderarse de sus territorios y riquezas. La primera nación con la que estableció una alianza militar fue la totonaca, que aportó trece mil guerreros a las fuerzas del español. Cortés llegó al mando de este ejército al territorio de Tlaxcala, donde Xicohténcatl Axayacatzin fracasó al intentar cerrarle el paso; los tlaxcaltecas, enemigos acérrimos de los aztecas, terminaron por ofrecerle al conquistador una amistad que resultó crucial.

Así fortalecidos, los españoles llegaron a Cholula y fueron agasajados con una gran fiesta, música y obsequios que ocultaban una traición. Fieles al imperio azteca, los cholultecas tenían planeado masacrar a los españoles: habían cavado fosos en las calles y hecho salir a las mujeres y los niños. Cortés fue informado de la situación y, disimulando astutamente, pidió comparecer ante los señores principales y encaró la traición; mientras de su boca salían amenazas de muerte, sus aliados se lanzaron sobre los cholultecas. En pocas horas murieron más de tres mil hombres.

Después de esta matanza, el conquistador siguió su camino a Tenochtitlan. Moctezuma lo recibió en noviembre de 1519, lo hospedó en el palacio de su padre —no sin antes hablarle de sus grandes tesoros— y le aseguró seguridad y obediencia. Cortés, a cambio, le ofreció clemencia: sabía que Moctezuma tenía todo para aniquilarlo y que en un islote las posibilidades de huir eran nulas, así que, anticipando una traición del tlatoani, se presentó ante él con treinta hombres y lo tomó prisionero.

Asegurada su posición, Cortés se ocupó de la conversión del pueblo. Pidió acabar con los sacrificios humanos y las prácticas antropofágicas. Hasta entonces el conquistador había actuado con inteligencia, prudencia y reflexión pero, ante la negativa de Moctezuma a estas órdenes, subió los 114 escalones del templo, dirigió a los sacerdotes un largo discurso y, en presencia de la multitud, con sus propias manos, derribó los ídolos de Huitzilopochtli y Tezcatlipoca. Los sacrificios quedaron terminantemente prohibidos.

Por entonces se recibió en la capital del imperio azteca la noticia de la llegada de 18 navíos al puerto de Veracruz; eran tropas comandadas por Pánfilo de Narváez quien, por instrucciones de Diego Velázquez, proclamaba que Cortés era sólo un delincuente sin representación del rey y que sería castigado. Cortés se vio obligado a salir de la ciudad; venció y aprisionó a Narváez, y supo atraer a su causa al ejército enviado por Velázquez.

De vuelta en Tenochtitlan, se encontró con la novedad de que Pedro de Alvarado había perpetrado una terrible matanza en el Templo Mayor y la ciudad estaba al borde de la guerra. Para apaciguar los ánimos, presentó al pueblo a un Moctezuma con la dignidad menoscabada; al ver a su rey como títere del español, la gente comenzó a lanzarle piedras, una de las cuales derribó al tlatoani y provocó su muerte días después. No obstante, algunas versiones señalan que Cortés lo apuñaló por la espalda.

Frente a la creciente posibilidad de la guerra, y ante una disminución drástica de víveres y municiones, el conquistador optó por la retirada e intentó abandonar sigilosamente la ciudad la noche del 30 de junio de 1520. Antes de partir, los españoles abrieron la cámara del tesoro del palacio de Axayácatl y tomaron cuanto quisieron. Cuando fueron descubiertos comenzó una furiosa batalla: algunos españoles cargaban con tanto oro que apenas podían caminar; muchos murieron en el lago, hundidos por su propio peso. Aquella noche lluviosa, los españoles llegaron maltrechos a Tacuba. Cortés, apesadumbrado, reposó bajo un ahuehuete y lloró sus desgracias.

En los meses que siguieron a la derrota de la Noche Triste, los españoles y sus aliados se reorganizaron en Tlaxcala con la firme idea de regresar para someter a Tenochtitlan. Cortés sabía que para el éxito de su empresa debía tomar el control del gran lago, así que ordenó la construcción de 13 bergantines y con la ayuda de Ixtlilxóchitl II, rey de Texcoco, conquistó las poblaciones ribereñas. Los navíos, desarmados, fueron transportados de Tlaxcala a Texcoco y, una vez ensamblados y botados al agua, inició el sitio de Tenochtitlan: setenta y cinco días de intensa lucha.

El 13 de agosto de 1521 cayó Tenochtitlan y Cuauhtémoc, el último emperador azteca, fue tomado prisionero. De la capital imperial apenas quedaban los cimientos. Todo era ruina, muerte y desolación. Los cadáveres y los escombros bloqueaban las calles y anegaban los canales.

Muchos españoles quedaron desencantados con el reparto de riquezas: esperaban mucho más y acusaron a Cortés de quedarse con la mayor parte. El conquistador, a sabiendas de que sus hombres estaban convencidos de que Cuauhtémoc ocultaba un grandioso tesoro, les permitió torturarlo: le quemaron los pies con aceite hirviendo. El tormento fue infructuoso y el último emperador de los aztecas fue puesto en cautiverio permanente.

Instalado en "su amada villa" en Coyoacán, el primer acto de gobierno de Cortés fue la orden de erigir la capital del territorio conquistado sobre el mismo sitio que había sido centro del poderío azteca. Hasta entonces había mantenido en Cuba a su esposa Catalina Juárez, y en las tierras recién conquistadas disfrutaba de la compañía de doña Marina y otras muchas indias obsequiadas; pero doña Catalina desembarcó en Veracruz en 1522 y murió misteriosamente después de un altercado con su esposo. De inmediato se esparció el rumor de que Cortés la había estrangulado, convirtiéndose así en el primer autoviudo de la historia mexicana.

En 1524 Cortés encabezó la expedición a las Hibueras (Honduras) para detener y castigar a Cristóbal de Olid, quien estaba en tratos con un antiguo enemigo del conquistador: Diego Velázquez. Para este viaje se hizo acompañar de Cuauhtémoc, quien aún era su prisionero. Durante la expedición, Cortés ordenó la ejecución del último rey azteca al enterarse de que preparaba, presuntamente, una conjura en su contra. Cuauhtémoc fue ahorcado en un árbol de pochote.

A su regreso de la fallida expedición a las Hibueras, le dio la bienvenida la noticia de que el rey de España lo había destituido y sometido a juicio de residencia. Cortés regresó a la península ibérica (1529) para hacer frente a una serie de cargos en su contra, como sustraer oro del quinto real y del reparto a los conquistadores y por el posible asesinato de su esposa.

Cortés no volvió a gobernar la Nueva España: tuvo que conformarse con los veintitrés mil vasallos y el título de marqués del Valle de Oaxaca concedidos por el rey Carlos V como compensación por los servicios prestados a la Corona. Regresó a México para establecer su residencia en Cuernavaca, pero en 1540 viajó nuevamente a España y ya no pudo volver: la muerte le ganó la última batalla el 2 de diciembre de 1547.

# 6

## DOÑA MARINA 1502-1539

> Y entrando la tierra adentro, [Cortés] la fue poco a poco poniendo en sujeción... atrayendo a unos de paz mediante la lengua de Marina o Malinche, india captiva que Dios le deparó.
>
> FRAY GERÓNIMO DE MENDIETA

Doña Marina, conocida como La Malinche, es uno de los personajes más controvertidos de la historia de México. Pero no fue Marina su primer nombre, ni sabía ella que el apodo que le quedó se convertiría en sinónimo de sumisión a lo extranjero.

Malinalli creció como esclava en Uxmal y después fue regalada al señor de Potonchán; fue una de las veinte esclavas que el monarca le entregó a Hernán Cortés en señal de sumisión. Recibió de los españoles el bautismo y fue renombrada Marina. Su conocimiento de la lengua maya y el náhuatl la convirtió en "la lengua de Cortés": ella traducía del náhuatl al maya, y Jerónimo de Aguilar, del maya al español. Con ellos como traductores, los españoles propagaban a los pueblos que estaban libres del tributo que pagaban a Moctezuma, al tiempo que elogiaban la grandeza del rey de España y las bondades del cristianismo.

Marina supo aprovechar sus facultades de intérprete para asegurar su posición con los conquistadores y dejó pasar las oportunidades que se le presentaron para traicionarlos. Sin duda, el hecho más representativo de su lealtad incondicional fue que pudo haber ocultado que los españoles serían emboscados, pero no dudó en informar a Cortés. Así, lo que pudo ser una masacre de extranjeros se convirtió en la atroz matanza de Cholula, en la que españoles, totonacas y tlaxcaltecas asesinaron en una sola noche a miles de cholultecas.

Marina estaba unida a Cortés y a su suerte; en realidad era a él a quien los indígenas llamaban Malinche o Malitzin, términos utilizados para indicar pertenencia. Pero el papel de esta mujer en la historia de la Conquista no se limitó a sus facultades lingüísticas: también dio a luz al primer hijo ilegítimo y mestizo del conquistador.

Hasta hoy, la historia de doña Marina está llena de leyendas y suposiciones; los datos sobre su lugar de nacimiento no son precisos y se sabe de su muerte por documentos que gestionó su viudo para volver a casarse. No hay noticias del sitio donde reposan sus restos, ni del motivo de su muerte.

# 7

## IXTLILXÓCHITL II 1500-1550

> Cortés se admiró... cuando le contaron la grandeza y fortaleza de la ciudad de Tetzcuco y el mucho poder que tenía, aunque por otra parte se holgaba mucho tener en ella por amigo a Ixtlilxóchitl, que era la persona más temida y respetada en todo aquel reino.
>
> Fernando de Alva Ixtlilxóchitl

Por decisión del emperador Moctezuma, Cacamatzin, hermanastro de Ixtlilxóchitl II, subió al trono de Texcoco tras la muerte de su padre, Nezahualpilli, acaecida en 1516. Este hecho ofendió a Ixtlilxóchitl II y alimentó su rencor hacia Cacamatzin y Moctezuma. Poseído por la ambición, se rebeló exitosamente contra su hermano, a quien obligó a entregarle el señorío de la región norte del reino de Texcoco.

Enterado de que los españoles avanzaban hacia Tenochtitlan, Ixtlilxóchitl II se acercó a ellos para unirse a su causa.

Fue convertido por los españoles y bautizado como Fernando Cortés; el mismo día que recibió el primer sacramento lo hicieron miles de indígenas más, incluida su madre, Yacotzin, quien al principio se negó a recibir el bautismo. Pero Ixtlilxóchitl II supo hacerla cambiar de parecer: prendió fuego a las habitaciones donde se encontraba, obligándola a salir para que fuera bautizada con el nombre de María.

Moctezuma, al saber de la presencia de los conquistadores en las cercanías de Texcoco, reunió por última vez a los principales señores indígenas para deliberar sobre la acogida que debían darles. No obstante los funestos presagios, decidió recibirlos pacíficamente. Cacamatzin fue uno de los señores principales que lo acompañó durante su encuentro con Cortés e intentó liberar a Moctezuma cuando fue aprehendido, pero su hermanastro lo traicionó y lo entregó a los españoles. Tras una larga sesión de tormentos para que hiciera entrega de sus tesoros, murió estrangulado.

Durante el sitio de Tenochtitlan, la participación de Ixtlilxóchitl II fue clave para los españoles: decididos a atacar por agua, su alianza con Texcoco les permitió dominar las orillas del lago. Ixtlilxóchitl II ayudó a Cortés en la construcción de los bergantines y mandó hacer una zanja en los jardines del palacio de Netzahualcóyotl, que llegaban hasta la laguna, para desde ahí botar las embarcaciones construidas.

El monarca texcocano también se afanó en su intento por capturar a Cuauhtémoc, pero fue el español García Olguín quien lo hizo prisionero. Se dice, además, que Ixtlilxóchitl cargó en sus espaldas las primeras piedras para la construcción de la Iglesia de San Francisco y que fue fiel guerrero de Cortés en su expedición a las Hibueras.

# 8

## PEDRO DE ALVARADO 1485-1541

> Aqueste día se mató y prendió mucha gente, muchos de los cuales eran capitanes, cuando los señores de esta ciudad supieron que su gente era desbaratada... convocaron muchas otras provincias para que todos se juntasen y nos matasen...
>
> PEDRO DE ALVARADO

Los indios lo llamaron Tonatiuh, "el sol", por su aspecto físico. Su cabello pelirrojo y su gran estatura lo hacían sobresalir por encima del los demás conquistadores. Pero lo más llamativo de él fue su crueldad, de la cual dio ejemplo el día de la matanza del Templo Mayor, de la que fue responsable en 1520.

A mediados de ese año Cortés fue notificado del desembarco en Veracruz de Pánfilo de Narváez, quien tenía órdenes de Diego Velázquez de aprehender al conquistador.

Antes de salir de Tenotchtitlan, Cortés dejó a Pedro de Alvarado a cargo de la ciudad.

Los aztecas iniciaban en esas fechas los preparativos para la fiesta de Toxcatl en honor de Huitzilopochtli, con el permiso de Alvarado para realizar la celebración en el Templo Mayor, donde se reunieron los principales señores de la capital azteca. Sin embargo, Pedro de Alvarado irrumpió alevosamente en el recinto y ordenó cerrar todos los pasillos y salidas. Los españoles cortaron los brazos y las cabezas de quienes bailaban; los que intentaban escapar trepando por las paredes del templo fueron apuñalados por la espalda. Muchos se escondían entre los muertos para no ser asesinados.

Los testimonios en relación con la matanza del Templo Mayor son contradictorios: unos sostienen que Pedro de Alvarado ordenó la matanza porque los aztecas conspiraban en contra de los españoles; otros aseguran que le inquietó ver tal gentío y, temeroso de un levantamiento en su contra, atacó alevosamente; algunos más afirman que su conducta obedeció exclusivamente a su carácter codicioso y a su desprecio por los indios.

Cualesquiera que hayan sido las razones de Pedro de Alvarado, su actitud enfureció a la población y los aztecas, embravecidos, salieron armados a pelear contra los españoles, sitiándolos en el palacio de Axayácatl hasta el regreso de Cortés.

Durante la huida de los españoles de Tenochtitlan tras la famosa batalla de la Noche Triste, el 30 de junio de 1520, Pedro de Alvarado logró salvar la vida. Después de la caída del imperio azteca, estuvo a cargo de la conquista de Centroamérica. Murió en 1541, arrollado por un caballo mientras huía de los indios chichimecas de Nochistlán.

# 9

## CRISTÓBAL DE OLID 1488-1524

Si fuera tan sabio y prudente como era de esforzado y valiente... fuera extremado varón: más no era para mandar sino para ser mandado.

Bernal Díaz del Castillo

Durante la Conquista, Cristóbal de Olid fue uno de los capitanes más importantes de Hernán Cortés; comandó una de las embarcaciones que navegaron de Cuba a México, dio muestras de aplomo durante la retirada de la Noche Triste y emprendió combates importantes hasta que Tenochtitlan fue finalmente conquistada.

Cuando Cortés tuvo noticias del oro que se encontraba en las tierras que hoy conforman Michoacán, comisionó para su conquista a Cristóbal de Olid, quien sometió fácilmente las provincias de la región y obtuvo grandes botines.

Posteriormente, Cortés decidió adelantarse a Gil González Dávila en la conquista de Las Hibueras (Honduras) y envió a Cristóbal de Olid con el encargo de tomar posesión en su nombre. Sin embargo, a su paso por Cuba para hacerse de provisiones, el enviado entró en arreglos con Velázquez, acérrimo enemigo de Cortés.

En un principio, Olid fingió respeto y obediencia a las instrucciones recibidas: nombró como autoridades a quienes el conquistador le había señalado y tomó posesión de la zona en nombre del rey y de Hernán Cortés; pero cuando se percató de las riquezas a las que se haría acreedor y del reconocimiento que ganaría por sus logros y hazañas, comenzó a pregonar en nombre del rey y el suyo propio.

Enfurecido por la sublevación, Cortés envió una expedición a cargo de Francisco de las Casas para castigar al rebelde. Los barcos naufragaron en las costas de Honduras y los sobrevivientes fueron tomados prisioneros por Cristó bal de Olid. Después de treinta días, Francisco de las Casa confabulado con los demás prisioneros, logró liberars atacó a Olid sin herirlo de muerte, pero lo suficiente p doblegar al traidor, capturarlo y someterlo a proceso. C tóbal de Olid murió degollado en la plaza de Naco (H duras), como usurpador de las tierras del rey.

# 10

## FRANCISCO DE MONTEJO 1479-1553

> Comenzó este tirano con trescientos hombres, que llevó consigo a hacer crueles guerras a aquellas gentes buenas, inocentes, que estaban en sus casas sin ofender a nadie, donde mató y destruyó infinitas gentes.
>
> Fray Bartolomé de las Casas

Se contaba entre los muchos hombres ambiciosos que acompañaron a Cortés. Quizá la diplomacia era su única virtud, por lo que fue mensajero del conquistador y viajaba constantemente a España como su representante ante el rey. Esto le permitió conseguir una capitulación para emprender la conquista de la península de Yucatán.

Las condiciones que el monarca español puso fueron las mismas que en tantas otras expediciones: los gastos no debían correr a costa de la Corona; debían construirse dos fortalezas para seguridad; los conquistadores tendrían que llevar consigo dos religiosos, y la población para un asentamiento debía ser de cuando menos cien personas.

El orgulloso don Francisco de Montejo partió en 1527 hacia la península con una fuerza perfectamente armada y pertrechada, "la mejor que hubiese salido de Castilla". Su posición en la Nueva España era inmejorable: había logrado que su hijo fuera nombrado paje de Hernán Cortés y, con el título de adelantado, los vientos de la fortuna lo favorecían.

Pero la conquista de Yucatán fue un fracaso: a Montejo le costó casi el mismo tiempo que la campaña desarrollada por Cortés desde su arribo a Veracruz hasta la caída de Tenochtitlan, pero a diferencia del conquistador, Montejo no pudo triunfar sobre los indios de la región. Como los pobladores de la península eran hostiles, indomables y belicosos, prefirió establecer relaciones amistosas con algunos caciques antes que hacer la guerra. Las pocas batallas libradas no habían logrado más que la muerte y la deserción de quienes lo acompañaban.

El español no quedó conforme: organizó otra fuerza armada y marchó por segunda vez a la región maya, donde los indios lo volvieron a derrotar. Triste y frustrado, en 1535 entregó el mando a su hijo Francisco de Montejo, El

Mozo, quien demoró once años antes de anunciar la conquista definitiva de la zona.

Pero la fortuna y las circunstancias favorecieron de nuevo la ambición de Montejo: por dificultades en Honduras fue nombrado gobernador de esas tierras, posición que negoció con Alvarado a cambio de Chiapas. Finalmente, por falta de pericia, se quedó sólo con Yucatán y Cozumel. No volvió a emprender trabajos de conquista: gracias a su hijo había adquirido suficientes bienes. Además, desobedeciendo la prohibición del rey de dar encomiendas a las mujeres, su hija, su mujer y su nieta gozaron de buenos repartimientos.

En 1549 Montejo recibió un último y definitivo revés: fue sometido a juicio de residencia y despojado de todos los derechos concedidos por el rey. Marchó a la ciudad de México e intentó defenderse, sin éxito. Asolado por el recuerdo de sus derrotas, don Francisco murió pobre y olvidado el 8 de septiembre de 1553 en Salamanca, España.

# 11

## NUÑO BELTRÁN DE GUZMÁN 1490-1544

...ordené que valiese en la provincia un esclavo cuatro pesos de minas y que éstos no diesen a trueque de ropa ni vino ni otra cosa alguna a mercaderes sino a trueque de ganados y que no diesen más de quince esclavos por un caballo o yegua.

NUÑO BELTRÁN DE GUZMÁN

Calificado por los cronistas de la época como "aborrecible gobernador, hombre perverso y gran tirano", Nuño Beltrán de Guzmán fue uno de los hombres que, por ambición y envidia, quiso minar el poder de Cortés en los nuevos territorios. Los rumores acerca de los abusos cometidos por el conquistador y sus tropas contribuyeron a que la Corona española nombrara a Nuño de Beltrán como presidente de la Real Audiencia de México, pero este cargo no le bastó, los honores mayores seguían siendo para Cortés.

Hambriento de fama y poder, Beltrán emprendió la conquista del occidente y de parte del noroeste mexicanos. Durante su expedición dejó muerte y desolación: en tierras michoacanas, los indígenas fueron masacrados y Calzontzin fue torturado y quemado como muestra del poderío del conquistador. Una vez saqueado el reino, Nuño reorganizó su ejército y se unió a los tarascos, con quienes forjó una fuerza de más de tres mil hombres.

Su táctica de conquista consistía en enviar por adelante a los franciscanos que lo acompañaban para convencer a los indios de que sus intenciones eran pacíficas y, una vez con el paso franco, los pueblos eran sitiados y despojados de abastecimientos; las ciudades, arrasadas e incendiadas y los caciques, atormentados.

Así, Nuño de Guzmán conquistó en siete años la tercera parte de México. Su empresa estuvo siempre bañada en sangre, por lo que la corona española resolvió enjuiciarlo y, al encontrarlo responsable, lo remitió preso a España, donde murió.

# 12

## FRAY DIEGO DE LANDA 1524-1579

> Que los indios eran muy disolutos en beber y emborracharse, de que les seguían muchos males, como matarse unos a otros, violar las camas, pensando las pobres mujeres recibir a sus maridos.
>
> FRAY DIEGO DE LANDA

"Perros herejes idólatras" llamó a los indígenas Fray Diego de Landa, uno de los primeros frailes franciscanos que llegó a la península de Yucatán para evangelizar a los mayas. Llevó a cabo esta labor durante treinta años, distinguiéndose por su excesivo esmero en extirpar las prácticas y creencias idólatras de la región.

A pesar de tan celoso empeño, el fraile no logró erradicar la idolatría: los mayas mantenían ocultas sus imágenes y continuaban practicando clandestinamente sus ritos religiosos. Como respuesta, en 1562 constituyó en la población de Maní, Yucatán, un tribunal religioso que pronto se convirtió en inquisición ordinaria. Durante los interrogatorios, el sacerdote decomisó imágenes y piedras sagradas.

Los indios huyeron a la selva, donde preferían el suicidio antes que ser obligados a confesar en qué lugar escondían las imágenes que aún conservaban. Muchos fueron torturados. Finalmente, se realizó un gran auto de fe: fray Diego de Landa hizo quemar aproximadamente cinco mil ídolos y objetos sagrados; entre ellos, varios códices de incalculable valor histórico.

Las autoridades eclesiásticas lo obligaron a viajar a España para responder por su severidad durante el proceso de conversión; sin embargo, al terminar su retiro volvió a la península de Yucatán como obispo, cargo que ocupó hasta su muerte.

Fray Diego de Landa, principal artífice de la destrucción de la cultura maya, paradójicamente volvió sobre sus pasos y, en los siguientes años, se dedicó a rescatar la historia del pueblo al que intentó convertir y a plasmarla en su libro *Relación de las cosas de Yucatán,* obra que en el siglo XX sería imprescindible para descifrar la escritura maya.

# 13

## MARTÍN CORTÉS 1533-1589

Los cadáveres de los oidores se echarían a la plaza, custodiada por el marqués con el mayor número de gente que pudiera... y formándose allí una hoguera se quemarían los papeles del archivo para que no quedara nombre del rey.

VICENTE RIVA PALACIO

Heredero del prestigio y del patrimonio de su padre, no así de su aplomo y osadía, Martín Cortés fue hijo del matrimonio de Hernán Cortés con doña Juana de Zúñiga.

Aunque nació en la Nueva España, a los ocho años acompañó a su padre a la madre patria, donde estuvo al servicio de Carlos V y Felipe II. Regresó veinte años después y la aristocracia novohispana lo recibió con honores y fiestas públicas desde Campeche, donde desembarcó, hasta la capital. Había heredado de su padre, además del marquesado del Valle, privilegios económicos y sociales que superaban por mucho los del virrey.

Al ver la euforia por su llegada, y aprovechando su condición de hijo del conquistador, trató de incrementar las rentas de sus encomiendas; ante esta petición recibió una contundente negativa por parte de las autoridades: la Corona española había decidido retirar la perpetuidad de las encomiendas, de forma que los hijos de los colonos podían hacerlas valer, no así sus nietos.

Esta noticia significó una gran afrenta para Martín Cortés y sus seguidores, quienes, dispuestos a defender sus rentas con las armas si era necesario, planearon asesinar a los miembros de la Real Audiencia y juraron fidelidad al hijo del conquistador, quien insinuó la posibilidad de alcanzar la independencia del virreinato aunque frente a las autoridades novohispanas juró fidelidad absoluta al rey de España.

Finalmente, entre los conspiradores surgieron las dudas y no se atrevieron a dar el golpe definitivo para lograr la independencia. Esta ambigüedad y un momento de vacilación provocaron que el complot fuera descubierto. Las autoridades no tuvieron clemencia; para dar un escarmiento, aprehendieron a varios involucrados y ejecutaron públicamente a dos de los líderes más activos y decididos: los hermanos Ávila. Gracias a su apellido, el hijo del conquistador logró salvar la vida.

Martín Cortés nunca confesó el delito de rebelión. Fue sometido a tormento de cordeles y agua y sentenciado a destierro perpetuo, so pena de muerte en caso de no cumplirlo. Murió en Madrid.

# 14

## JUAN MANUEL DE SOLÓRZANO ¿?-1641

> Noche con noche, don Juan Manuel salía de su casa: bajaba las escaleras, atravesaba el patio, abría el postigo del zaguán, se recargaba en el muro, y envuelto en su ancha capa, esperaba tranquilo a la víctima.
>
> Luis González Obregón

Encarcelado injustamente, don Juan Manuel asesinó a un hombre en defensa de su amada esposa y murió de manera misteriosa una noche antes del veredicto de inocencia. Su historia dio pie a una leyenda.

Llegó a la Nueva España en 1612 como acompañante del virrey Diego Fernández de Córdova; las oportunidades de emprender nuevos negocios lo alentaron a establecerse en 1623 de manera definitiva en la ciudad de México, donde se casó con la hermosa Mariana de Laguna y adquirió una flamante casa en la actual calle de República de Uruguay.

Por su habilidad en los negocios y su carácter afable adquirió una posición influyente en la Nueva España como administrador de la Real Hacienda. Este cargo desencadenó envidias y habladurías sobre posibles actos de corrupción, de forma que, cuando el virrey Lope Díez de Armendáriz abandonó la Nueva España, don Juan Manuel fue encarcelado y acusado de lucrar con el erario público.

El Alcalde del Crimen, don Francisco Vélez de Pereira —principal responsable de su prisión—, rondaba la casa que habitaba su esposa Mariana. Según los rumores, intentaba seducir a la bella mujer a cambio de la libertad de su marido. Don Juan Manuel, enfurecido, esperó una oportunidad para salir y vengarse. Don Prudencio Armendia, otro hombre encarcelado por asuntos de dinero, se propuso ayudarlo y distribuyó algunas monedas entre los guardias para que permitieran la salida de don Juan Manuel durante las noches.

Sigilosamente, cubierto por la oscuridad, el preso se presentaba fuera de su casa esperando el momento de ajustar cuentas. Una noche vio llegar a don Francisco e ingresó instantes después de su enemigo; escuchó a su esposa rechazar las propuestas del Alcalde y, preso de la ira, terminó por matarlo.

El 30 de septiembre de 1641, un día antes de que la justicia diera su fallo absolutorio en favor de don Juan Manuel, por haber actuado en defensa de su esposa, apareció colgado de la horca. El acontecimiento causó tal furor en la sociedad novohispana que, en poco tiempo, su historia se convirtió en una de las leyendas más sangrientas del virreinato.

# 15

## DIEGO LÓPEZ DE PACHECO CABRERA Y BOBADILLA, MARQUÉS DE VILLENA Y DUQUE DE ESCALONA 1599-1653

> ...y parece que en vez de cumplir el virrey las órdenes contra los portugueses, estrechó más con ellos la amistad y aún les confirió respetables puestos en la milicia, y hasta se llegó a decir que los protegía...
>
> Manuel Rivera Cambas

Un gobierno abusivo y corrupto, una frase imprudente y el desafortunado parentesco con un revoltoso portugués convirtieron al virrey Diego López de Pacheco, duque de Escalona, en un villano a los ojos de la sociedad novohispana.

López, perteneciente a la aristocracia española, gobernó la Nueva España de 1640 a 1642 con abuso y desparpajo. Sin embargo, no fue su conducta marcada por la superficialidad, la ligereza y la corrupción lo que propició su derrumbe, sino la inquietud que provocó en la península ibérica su parentesco con el duque de Braganza, noble portugués que encabezó una insurrección contra la dominación española y se coronó como Juan IV, rey de Portugal.

Quizá este hecho pudo haber sido ignorado, al igual que su parentesco con el virrey novohispano, pero durante una carrera de caballos en la Nueva España, en la cual los dueños de los equinos se apellidaban uno Portugal y otro Castilla, el virrey don Diego López externó, con desatino, un pensamiento políticamente incorrecto: al referirse a los caballos, dijo que prefería los de Portugal que los de Castilla.

Sin la información suficiente, y con una serie de rumores cargados de encono, la frase de don Diego llegó hasta la corte del rey de España, quien de inmediato desconfió de la lealtad del noble y ordenó a Juan de Palafox, entonces obispo de Puebla, que vigilara de cerca la conducta del duque. Con espías, informantes y datos falsos, finalmente se armó una acusación contra el virrey.

La respuesta del rey fue contundente: ordenó que lo arrestaran y, "habiendo sospechas fundadas", Juan de Palafox lo tomó preso, embargó sus bienes y lo juzgó. El duque de Escalona fue trasladado a España, donde fue declarado inocente. El rey le ofreció reinstalarlo como virrey de la Nueva España, pero no aceptó: harto de humillaciones, prefirió una vida discreta y sin traiciones.

# 16

## JUAN DE PALAFOX Y MENDOZA 1600-1659

> ...aquel golpe [contra el virrey]... el obispo lo había preparado por medio de una conspiración tan segura como secreta, cosa fácil para [Palafox], pues podía contar para hacerse obedecer con el prestigio que le daba su elevado carácter episcopal.
>
> VICENTE RIVA PALACIO

Mientras era designado el nuevo virrey, quien ocuparía el lugar del destituido duque de Escalona, en 1642 el rey de España confió al obispo de Puebla, Juan de Palafox y Mendoza —un "villano" en espera de beatificación— el virreinato interino de la Nueva España.

Durante los escasos seis meses que duró su gobierno, se dedicó principalmente a juzgar los actos de corrupción de los tres virreyes anteriores: el marqués de Cerralvo, el marqués de Cadereyta y el duque de Escalona. Sus disposiciones como virrey se limitaron a mostrar su repudio por el pasado prehispánico: ordenó derribar las fachadas de algunas casas de la ciudad que habían sido decoradas con piedras de los antiguos templos aztecas y cambiar el mítico símbolo de México —el águila sobre un nopal devorando una serpiente— por un pegaso.

Al virrey Palafox no lo detenía ningún obstáculo: cuando levantó la catedral de Puebla —trabajo calculado para veinte años— decidió concluirla en nueve. No permitía el descanso: alternaba el trabajo por cuadrillas y alumbraba la noche con teas, de manera que "no dejó de oírse el acompasado y constante golpear del pico y del martillo de los canteros". Al acercarse la fecha para la consagración del templo le informaron que faltaban ladrillos; hizo arrancar todos los ladrillos del palacio episcopal y lo dejó inhabitable, pero la catedral se consagró el día que había dispuesto.

De su carácter enérgico e inflexible dieron fe sus constantes enfrentamientos con los jesuitas, en los que nunca cedió; era tal su encono contra la Compañía de Jesús que publicó un decreto prohibiendo a los estudiantes, bajo pena de excomunión, asistir a los colegios dirigidos por la orden de San Ignacio de Loyola. Además, defendió las leyes de la Corona española por encima de las leyes eclesiásticas e incluso se involucró en controversias con el Papa.

Su impetuoso carácter lo llevó por el camino de la imprudencia e hizo necesaria su remoción como obispo de Puebla, aunque regresó a España con grandes honores. Durante el siglo XVIII, su figura sería enarbolada para combatir a los jesuitas. Como una forma de reconocimiento, la monarquía española solicitó al Vaticano su beatificación.

# 17

## JUAN DE LEYVA Y DE LA CERDA, CONDE DE BAÑOS 1604-1678

> Las demostraciones populares... en contra del conde de Baños fueron extraordinarias, y hubo necesidad de poner guardia a éste para evitar que fuese víctima del odio de tantos enemigos como tenía en México.
>
> VICENTE RIVA PALACIO

Conde de Baños, marqués de Leyva, marqués de Ladrada, señor de Arteaga y de Gamboa, caballero de la orden de Santiago y gentilhombre de la Cámara de su majestad el rey Felipe IV, tantos eran sus títulos como sus ínfulas de grandeza y su despotismo.

La experiencia en materia de gobierno no era por entonces requisito para ser virrey de la Nueva España: bastaba con ser uno de los favoritos del rey. Ésa fue la razón de que el Conde de Baños ocupara el poder en la Nueva España de

1660 a 1664, oportunidad que aprovechó para explotar las arcas hasta enriquecerse con descaro.

La virreina se dedicaba al tráfico de influencias y, a cambio de cuantiosos sobornos, resolvía con su marido asuntos de gobierno. Tierras y propiedades fueron embargadas por el virrey para ser entregadas a familiares y amigos. Cobijado por la impunidad, su hijo Pedro asesinó a un sirviente del conde de Santiago y, ante la indignación y el reproche del noble, el virrey contrató asesinos a sueldo para mantener amenazado a su nuevo enemigo.

A la frivolidad y falta de escrúpulos de esta familia habría que agregar la arrogancia: el gobernante mandó que la procesión del Corpus pasara frente a palacio para complacer así a su caprichosa esposa, lo que le valió varias rencillas con el arzobispo don Diego de Escobar. La Corona decidió destituirlo y entregar el virreinato de manera interina al religioso pero, empeñado en no ceder el poder, el conde de Baños interceptó durante un año la correspondencia donde se notificaba el nombramiento.

Al final, la cédula real llegó a manos de su verdadero destinatario y el arzobispo le escribió al conde de Baños para informarle que su embuste había sido descubierto. El virrey no tuvo más remedio que enfrentar el repudio de la Corona española y de la sociedad novohispana.

# 18

## JEAN-DAVID NAU (EL OLONÉS) 1635-1668

> ...el Olonés ordenó que lo amarraran a un árbol... de un tirón separó sobre el pecho del prisionero su casaca, y luego extrajo su cuchillo y le asentó un descomunal tajo que le desgarró la carne...
>
> ALEXANDRE OLIVIER EXQUEMELIN

El desollador francés, terrible y feroz pirata natural de Les Sables-d'Olonne, Francia, se alistó en el ejército de su país, pero prefirió buscar suerte por su parte y marchó a Santo Domingo para embarcarse en la arriesgada aventura de la piratería. Al poco tiempo comenzó su historia como uno de los más célebres piratas de las aguas del Caribe, y gran fama alcanzó su odio contra los españoles. Se dice que, en los primeros años, algunos de sus ataques fueron auspiciados por la Corona francesa.

Durante un largo periodo aterrorizó las costas de Centroamérica. Cometió robos, asaltos y crueles asesinatos. Para atemorizar a los prisioneros y obligarlos a revelar la ubicación de sus riquezas abría con un cuchillo el pecho de una víctima elegida al azar, con sus propias manos arrancaba el corazón aún palpitante y lo mordía, para después escupir la sangre en las caras horrorizadas de los demás prisioneros.

En 1667 salió de Cuba una expedición para acabar con los temibles asaltos de los piratas. Los españoles no podían vencer al Olonés ni por tierra ni por mar, pero en uno de los enfrentamientos salió malherido y tuvo que refugiarse en la isla Tortuga por varios meses.

El siguiente viaje del Olonés y sus hombres fue a las costas de Campeche, lugar asediado constantemente por los piratas que en Laguna de Términos comerciaban libremente con los indios de la costa y hacían grandes exportaciones de palo de tinte. Fue ahí donde los españoles lo atacaron con mejor suerte: el Olonés, al verse sin salida, se hizo pasar por muerto y, cuando sanó sus heridas, utilizó sus terribles métodos de tortura para que los nativos le ayudaran a salir en canoa de Campeche.

Volvió entonces el pirata a aterrorizar las costas de Centroamérica por algunos meses más, pero un naufragio lo dejó atrapado en las costas de Panamá; los indios de una tribu kuna lo capturaron, lo destazaron vivo y lanzaron sus pedazos al fuego para comérselo.

# 19

## LAURENT GRAFF (LORENCILLO)

> La horda de piratas que cayó sobre Campeche era formada de franceses e ingleses capitaneada por el filibustero flamenco Laurent Graff y por su teniente Agramont, cuya ferocidad e implacable saña hicieron de ellos el azote de nuestros mares.
>
> MANUEL A. LANZ

Mientras España, Francia, Inglaterra y Holanda celebraban diversos tratados de paz para poner orden en Europa, en la segunda mitad del siglo XVII los piratas devastaban las costas y atacaban las flotas imperiales que transportaban al viejo continente grandes riquezas extraídas de las colonias en América.

Sus ataques representaban terribles pérdidas para la Corona española. Importantes sumas de dinero invertidas en la armada de Barlovento —creada ex profeso para combatir la piratería— fueron infructuosas. Las tranquilas aguas novohispanas eran continuamente hostilizadas y asoladas.

El lunes 17 de mayo de 1683, aparecieron en el horizonte un par de navíos a dos leguas de Veracruz. Doscientos hombres comandados por Laurent Graff —pirata de origen holandés conocido como Lorencillo— desembarcaron y llegaron a la plaza de armas de la ciudad. A la medianoche, seiscientos hombres más asaltaron y tomaron el puerto.

Los piratas se dividieron en grupos para saquear la ciudad; los habitantes, sin distinción de sexo o edad, fueron llevados a la catedral, donde permanecieron encerrados hasta el 22 de mayo. Sus atacantes colocaron un barril de pólvora en la puerta del templo y amenazaron con hacerlo estallar si los prisioneros no entregaban los supuestos tesoros que tenían.

La mañana del sábado 22 de mayo, Graff sacó de la catedral a los prisioneros para trasladarlos a la Isla de los Sacrificios. A los funcionarios los tomó como rehenes y el resto, a punta de palos, fue obligado a cargar el cuantioso botín, empresa que tomó hasta el 30 de mayo. El 1 de junio Lorencillo levó anclas, desplegó velas y se hizo a la mar, dejando a su paso cuatrocientos muertos, miseria y desolación.

Dos años después, en 1685, el pirata volvió a hacer de las suyas: se apoderó de Campeche, ciudad que sufrió la misma suerte que Veracruz. Ante la apatía de la Corona para tomar medidas eficaces contra el asedio de los bandidos, el gobernador de Yucatán, don Antonio de Iseca —temeroso de que Lorencillo invadiera Mérida— salió con un grupo de soldados hacia Campeche para enfrentarlo. El tristemente célebre pirata resultó ileso y, aunque se embarcó precipitadamente, se llevó consigo un rico botín.

Ningún esfuerzo parecía suficiente para que Lorencillo y sus filibusteros se retiraran de la península. Los vecinos de Campeche, hartos de los graves perjuicios que habían sufrido a causa de los piratas, comenzaron en 1686 la construcción de murallas defensivas para la ciudad. En los siguientes años se levantaron dos kilómetros de muralla y ocho baluartes. La obra fue terminada ya muy entrado el siglo XVIII, cuando la piratería había menguado considerablemente y la historia de Lorencillo era sólo un recuerdo.

# 20

## JOSÉ DE GÁLVEZ 1720-1787

> ...cuantos continuasen en la osadía de resistir los mandaré tratar con el último rigor de la guerra por las tropas que me acompañan; ya aprehendidas sus personas haré en este caso la justicia con toda la severidad que corresponda a la enorme culpa.
>
> José de Gálvez

En 1765, José de Gálvez fue nombrado visitador del virreinato de la Nueva España y miembro honorario del Consejo de Indias. Se aplicó sin descanso al estudio del negocio del tabaco: reglamentó su cultivo, almacenaje y comercio. Además, redujo y cambió la planta de empleados en oficinas administrativas y tribunales, y fomentó la creación de milicias en las provincias. Sin ir más lejos, fue el responsable de aplicar en la Nueva España las célebres reformas borbónicas que sacudieron por completo la vida novohispana. Todas estas disposiciones provocaron alborotos, sublevaciones y tumultos, y además le generaron un sinnúmero de enemigos.

En 1767, el marqués de Croix, virrey de la Nueva España, recibió la orden del rey Carlos III de expulsar a los jesuitas del territorio novohispano, extensiva a todos los dominios españoles. El virrey y José de Gálvez urdieron entonces el plan de acción para ejecutar la "justa y soberana" orden de su majestad. José de Gálvez sabía que la extensión territorial de la Nueva España, la falta de fuerzas militares y la gran influencia que tenían los jesuitas sobre los corazones de la población, harían en suma difícil llevar a cabo el mandato.

El 25 de junio de 1767, a una misma hora y en toda la Nueva España, las tropas del virrey ocuparon los colegios de la Compañía de Jesús. Los jesuitas de las distintas provincias del virreinato fueron tomados prisioneros y enviados a la ciudad de México para luego ser llevados a Veracruz. La gente se arremolinaba en las calles y lloraba al verlos partir, casi como delincuentes, rumbo al exilio.

Esta disposición provocó grandes protestas y tumultos en la sociedad novohispana: se registraron varios levantamientos armados en San Luis Potosí, San Luis de la Paz y otras regiones, pero fueron brutalmente reprimidos por el visitador, quien para restablecer el orden realizó numerosas aprehensiones y juicios. Decenas de personas fueron ahorcadas, decapitadas y descuartizadas *post mortem;* muchas más recibieron azotes o fueron castigadas con el destierro y la confiscación de sus bienes. José de Gálvez no se tentó el corazón y, con un rastro de sangre a su paso, regresó a México convencido de que había cumplido con Dios, con el rey y con su conciencia.

# 21

## CARLOS FRANCISCO DE CROIX, MARQUÉS DE CROIX 1730-1778

> Tengo graves fundamentos para sospechar que esta revolución estaba tramada de antemano y así el haberse descubierto en ocasión del extrañamiento de los jesuitas fue inmaturamente, y con todo el golpe se extendió con indecible rapidez.
>
> MARQUÉS DE CROIX

Al marqués no le tembló la mano para ejecutar las reformas borbónicas en la Nueva España. No le tembló la mano para acabar con las revueltas sociales que surgieron con la expulsión de los jesuitas. No le tembló la mano para ser un déspota en nombre del rey.

Las reformas borbónicas tenían como objetivo la explotación ordenada de las colonias americanas para obtener mayores riquezas. En la Nueva España se realizaron cambios en materia fiscal, producción de bienes, comercio y cuestiones militares; se expulsó del territorio a los jesuitas; se confiscaron bienes —que ingresaron a la Hacienda del rey— y se implementó el sistema de intendencias.

Todas estas medidas dispuestas por la corona significaron un duro golpe para la aristocracia criolla. El marqués de Croix, quien gobernó la Nueva España de 1766 a 1771 —con ayuda del visitador José de Gálvez—, procuró celosamente el cumplimento de las reformas borbónicas y aplicó la fuerza a los que se atrevieron a oponerse a ellas, incluyendo a quienes defendieron a los jesuitas al momento de su expulsión (1767).

Durante su gobierno era común encontrarse en los caminos las cabezas decapitadas de los principales amotinados, las cuales eran expuestas para escarmiento público. El marqués de Croix usó al ejército virreinal para sofocar los disturbios provocados por quienes se oponían al incremento de los impuestos; los frecuentes alzamientos populares lo alentaron a incrementar el número de efectivos y a permitir el excesivo uso de la fuerza.

Si bien en términos económicos la corona se vio beneficiada con las reformas borbónicas, las inquietudes de la población comenzaron a manifestarse de manera alarmante; primer síntoma de que empezaba a gestarse, de manera vaga, la idea de la Independencia.

# 22

## MIGUEL DE LA GRÚA TALAMANCA, MARQUÉS DE BRANCIFORTE 1755-1812

> ...comenzó por ostentar un lujo en el ceremonial, que no sólo ofendía a las autoridades, sino que daba ya al virrey el aspecto de un verdadero monarca.
>
> Vicente Riva Palacio

La gente lo comparaba con el mismísimo demonio. Su poder no tenía límites gracias a su matrimonio con la hermana de Manuel Godoy, favorito de la reina de España, que le valió el nombramiento de virrey de la Nueva España de 1794 a 1798. Pero muy lejos quedó de ser digno sucesor del virrey Revillagigedo —uno de los más luminosos y queridos del periodo colonial— quien logró disminuir la corrupción, detener la malversación de fondos y frenar el ocio en las oficinas de gobierno.

El marqués de Branciforte hizo lo contrario. Vendía los cargos públicos para quedarse con los recursos, traficaba con los puestos del ejército, confiscaba bienes y alentaba el contrabando. El lujo del que hacía gala ofendía incluso a la más alta aristocracia novohispana, y su despilfarro era lacerante.

Uno de sus primeros actos de gobierno fue la confiscación de bienes de los franceses residentes en la Nueva España, bajo el pretexto de que con dicha medida resarcía en algo los perjuicios causados a España con motivo de la guerra. Los ciudadanos franceses fueron despojados de cuanto tenían, hechos prisioneros y refundidos en calabozos. Miguel de la Grúa llegó incluso a pedir pena de muerte para ellos, pero la Audiencia y la Inquisición, que solapaban su tiranía, tuvieron la prudencia de considerar esta medida como extrema.

Para disculpar su escandaloso proceder, que había llegado hasta oídos del rey, recurrió a la adulación. Mandó hacer una estatua ecuestre de Carlos IV —"seiscientos quintales de bronce entraron en el molde"— conocida como *El caballito* y ejecutada por Manuel Tolsá.

El marqués de Branciforte, tal vez cansado de sus propios excesos, solicitó más tarde ser relevado de su cargo.

Sin embargo, lejos estuvo de marcharse con las manos vacías: a manera de despedida saqueó la Casa de Moneda. No podía irse sin llevar al monarca las nuevas piezas acuñadas con la efigie real.

# 23

## JOSÉ DE ITURRIGARAY 1742-1815

> ...se condena a don José de Iturrigaray, virrey que fue de México... a la pérdida de 119 mil pesos fuertes, importe de la memoria de efectos que llevó a la América por el abuso criminal que hizo [por contrabando].
>
> CUADERNO DE CARGOS DEL JUICIO DE RESIDENCIA

La efervescencia en que se encontraba Europa bajo el dominio de Napoleón, la invasión francesa a España, las agitaciones políticas y el estado de ánimo de la sociedad novohispana ocasionaron que el gobierno del virrey José de Iturrigaray, que gravitó entre la corrupción y la conspiración, fuera el más escandaloso de su tiempo.

Iturrigaray llegó a la Nueva España por recomendación de Manuel Godoy y, al igual que el marqués de Branciforte, era corrupto y ambicioso. Dio a conocer la dimensión de su codicia desde que pisó tierras novohispanas: al llegar a Veracruz ingresó con un equipaje sospechosamente grande que no era otra cosa que un importante cargamento de contrabando.

Durante los años de su gobierno, de 1803 a 1808, algunas medidas populistas impidieron ver con claridad su proclividad a la corrupción y el hecho de que era un hombre "de talentos muy limitados": restituyó las corridas de toros, inauguró la estatua ecuestre de Carlos IV y durante su mandato llegó al país la vacuna contra la viruela. La Nueva España se había consolidado como el virreinato más próspero de América; fue durante aquellos años cuando Alejandro de Humboldt, maravillado por la capital novohispana, la llamó "la ciudad de los palacios".

Desde 1805, las noticias de los acontecimientos en Europa comenzaron a llegar a la Nueva España como un mal presagio. La guerra entre España e Inglaterra intranquilizó al virrey, quien por temor a una invasión ordenó levantar tropas provinciales acantonadas en Jalapa. Poco tiempo después, en 1808, Napoleón invadió España. Carlos IV y el príncipe Fernando VII abdicaron a la Corona a su favor y al de su hermano, José Bonaparte, quien fue nombrado rey de España.

A falta de monarca legítimo en la Nueva España, el Ayuntamiento decidió reasumir la soberanía y ejercerla por medio del virrey. Sin la protección y el apoyo de Godoy, para Iturrigaray esto representaba no sólo la posibilidad de pasar por alto las denuncias de corrupción que había en su contra, sino la oportunidad de quedarse al frente del gobierno de la Nueva España y extender su poder.

En las juntas celebradas por el Ayuntamiento, Francisco Primo de Verdad y fray Melchor de Talamantes manifestaron que, habiéndose roto los vínculos con la Corona española, la Nueva España debía formular leyes regionales; señalaron también que la Audiencia no podía hablar en nombre del rey y que la soberanía regresaba al pueblo representado, desde luego, por el Ayuntamiento. La Audiencia calificó la representación de sediciosa y subversiva; así quedó de manifiesto la pugna entre los españoles representados por la Audiencia y los criollos que constituían el Ayuntamiento.

Al ver que Iturrigaray favorecía al partido criollo —mientras velaba por sus intereses personales—, los españoles, en complicidad con los comerciantes más ricos de la ciudad, resolvieron recurrir a la violencia antes que consentir la autonomía para la Nueva España y conspiraron para destituir al virrey, quien fue enviado como prisionero a España.

# 24

## GABRIEL DE YERMO 1757-1813

> …que estaba bien penetrado de que la Nueva España se perdía, si no se tomaba un pronto remedio, pero como era cosa que debía tocar en violencia, necesitaba consultarlo, para asegurar su alma de responsabilidad.
>
> GABRIEL DE YERMO

Fue un hombre de carácter enérgico que, al ver en peligro sus riquezas y propiedades, logró terminar de golpe, en 1808, con el primer intento de autonomía novohispana. Por él fue urdida la conspiración para derrocar al virrey Iturrigaray y acabar con las aspiraciones de soberanía de los criollos, cuyas pretensiones fueron calificadas de sediciosas por la Audiencia.

Se dice que Gabriel de Yermo encabezó la insurrección luego de haber sido agraviado por las decisiones del virrey en materia de abasto de res y del impuesto al aguardiente de caña. Mientras el Ayuntamiento de la ciudad de México debatía el asunto de la soberanía ante la ausencia del legítimo rey de España, él comenzó a reunir grandes cantidades de pólvora y armas y, en secreto, formó un batallón denominado Voluntarios de Fernando VII con el objeto de poner fin a la traición que el virrey y los criollos preparaban, ya era un rumor que deseaban asumir el control absoluto de la Nueva España.

La noche del 15 de septiembre de 1808, quinientos hombres armados bajo el mando de Yermo se reunieron a unos metros del Palacio Virreinal, entre el Portal de Mercaderes y el Portal de las Flores. Uno de los guardias les marcó el alto, pero fue asesinado. Los rebeldes ingresaron con violencia a las habitaciones del virrey. José de Iturrigaray y su familia fueron aprehendidos sin ofrecer resistencia. Al virrey lo condujeron a la Inquisición y a la virreina, junto con sus hijos, la llevaron al convento de San Bernardo.

Depuesto Iturrigaray, Gabriel de Yermo y el resto de sus partidarios entregaron el poder a Pedro Garibay, un militar octogenario y enfermo, fácilmente manipulable. A instancias de Yermo, el nuevo virrey ordenó la aprehensión de los líderes criollos; entre ellos se encontraba Francisco Primo de Verdad, quien fue encarcelado en una celda del palacio del Arzobispado y misteriosamente asesinado semanas después.

Embriagados por el triunfo, los revoltosos comandados por Yermo, que se hacían llamar *parianeros* o *chaquetas*, siguieron cometiendo abusos y tropelías. Pedro Garibay ordenó la disolución de este cuerpo de voluntarios, pero al virrey le era reconocida tan poca autoridad que algunos intentaron cometer contra él la misma agresión de la que fue víctima Iturrigaray. Afortunadamente, la falta de partidarios aplacó los ímpetus.

Gabriel de Yermo logró mantener su estatus, pero no pudo frenar el movimiento de Independencia que comenzó en 1810. Murió en 1813, cuando el conflicto armado era encabezado por el cura José María Morelos.

# 25

## FRANCISCO JAVIER VENEGAS 1760-1838

> La conspiración tuvo tiempo de formarse y ramificarse cuando llegó a Veracruz el nuevo virrey nombrado por la regencia, D. Francisco Javier Venegas.
>
> LUCAS ALAMÁN

A los pocos días de haber tomado el poder, al virrey Francisco Javier Venegas le llegaron noticias del levantamiento armado de Miguel Hidalgo en el pueblo de Dolores. El movimiento encabezado por el cura lo alarmó: sabía que los insurgentes —como los llamó con desprecio, sin saber que aquel nombre se convertiría en la orgullosa denominación de los alzados—, habían tomado la Alhóndiga de Granaditas, asesinado a toda la gente que ahí se encontraba y saqueado violentamente la ciudad de Guanajuato. Todo parecía indicar que Hidalgo y sus hombres llegarían hasta las últimas consecuencias.

La respuesta de Venegas fue sangrienta y brutal. Ofreció recompensa por la cabeza de Hidalgo y ordenó al clero que predicara contra los insurgentes. Si los rebeldes tomaron a la virgen de Guadalupe como bandera, el virrey hizo lo propio con la virgen de los Remedios y le concedió el grado de generala.

Como las tropas realistas se habían trasladado al frente de batalla, la ciudad de México quedó desprotegida. Para garantizar su seguridad, convocó Venegas al regimiento de las Tres Villas —tropas levantadas en Córdoba, Jalapa y Orizaba—, y a 500 negros liberados de las haciendas de Gabriel de Yermo comandados por Torcuato Trujillo. Las noticias de que los insurgentes, luego de tomar Valladolid, marchaban hacia la ciudad de México, hicieron que Trujillo se replegara al Monte de las Cruces, donde fue derrotado por los rebeldes.

Según refieren algunas versiones, ante la posibilidad de que Hidalgo tomara la capital, el virrey Venegas le envió un mensaje amenazador: si los insurgentes atacaban la ciudad, él ordenaría la ejecución de uno de los familiares de Hidalgo. El cura y sus tropas se retiraron y Venegas, desesperado, ordenó a Félix María Calleja que los interceptara. Calleja los enfrentó y derrotó en los llanos de San Jerónimo Aculco;

volvió a derrotarlos en Guanajuato y, finalmente, en Puente de Calderón, en enero de 1811. En marzo de ese año, Hidalgo, Allende, Aldama y Jiménez fueron capturados en Acatita de Baján, Coahuila, y fusilados en Chihuahua.

Venegas quiso dar un escarmiento a la población y ordenó que los cuerpos de los caudillos fueran decapitados; las cabezas permanecieron expuestas en las cuatro esquinas de la Alhóndiga de Granaditas durante diez años. Creyó entonces que había terminado la guerra de Independencia, pero tuvo que ordenar nuevas operaciones militares al mando de Calleja para combatir a Morelos, quien se había levantado en armas en el sur.

Finalmente, el virrey fue acusado de impedir la pacificación de la Nueva España debido a sus sanguinarios métodos de represión. Durante su gobierno, todo insurgente capturado era pasado por las armas y, ante la mínima sospecha de colaboración con la causa de la independencia, la gente era aprehendida. Venegas fue destituido y regresó a España en 1813, dejando incendiado el territorio novohispano.

# 26

## VICENTE GÓMEZ (EL CASTRADOR)

> La ciudad de Puebla se conmovió pidiendo la cabeza de aquel asesino atroz, de quien habían sido víctimas muchos vecinos de ella, y para conservar la tranquilidad, fue menester poner la guarnición sobre las armas.
>
> LUCAS ALAMÁN

En 1812, un cabecilla insurgente temible y repulsivo sembró el terror en las inmediaciones de San Martín Texmelucan y Huamantla. Conocido como el Castrador, Vicente Gómez cometía actos verdaderamente atroces. Los españoles que caían prisioneros en sus manos eran sometidos a la mutilación de sus genitales "para que no propagasen su casta". Algunos de sus contemporáneos atestiguaron que un antiguo soldado del batallón de Asturias se arrastraba por las calles de México pidiendo limosna. Las mutilaciones sufridas a manos de Vicente Gómez lo habían dejado paralítico.

Cuando las fuerzas insurgentes fueron derrotadas en las Lomas de Santa María, en 1816, y varios de los cabecillas fusilados, Vicente Gómez solicitó y obtuvo el indulto para él y 68 de sus combatientes. El 26 de noviembre de 1816, la gente de Puebla lo vio entrar a la ciudad seguido de sus hombres. El brigadier Del Llano lo había nombrado capitán de los realistas Fieles de Santiago Calcingo. Ya en el otro bando, con la misma crueldad que trató a los españoles se dedicó a combatir a los insurgentes.

Varios años más tarde, en 1823, fue visto de nuevo en Puebla, donde se supo que había reunido un grupo de salteadores a los que llamaba la Santa Liga y que, diciéndose comisionado y defensor del trono de Iturbide, se dedicaba a robar y destrozar pueblos y rancherías. Desterrado a California, tiempo después llegaron las noticias de su muerte.

# 27

## RAFAEL IRIARTE 1772-1811

> …pero el festín fue interrumpido por la gente armada de Iriarte, al mismo tiempo que otros de los suyos tomaban la artillería y se hacían dueños de la ciudad, que fue entregada al saqueo.
>
> LUCAS ALAMÁN

Antes de que Miguel Hidalgo se levantara en armas con el grito de Dolores, Rafael Iriarte pertenecía a las fuerzas realistas establecidas en San Luis Potosí, comandadas por Félix María Calleja.

Indisciplinado y revoltoso, se adhirió al movimiento insurgente desde sus inicios; se presentó como coronel y comisionado de Hidalgo, de forma que en pocos días logró engrosar las filas revolucionarias. En Aguascalientes se le sumaron los Dragones de Nueva Galicia; tomó Zacatecas con ayuda de José María Cos, a quien convenció para que se uniera a las fuerzas rebeldes; expulsó a los españoles y se hizo cargo personalmente de la organización civil y militar en la región.

Mientras Allende pasaba dificultades en Guanajuato, e Hidalgo las padecía en Guadalajara, Rafael Iriarte se encontraba en San Luis Potosí, ocupado en tomar como prisionera a la esposa de Calleja. Allende insistía en que le enviara refuerzos para defenderse del propio Calleja, quien ya había recuperado Celaya.

Para cuando Iriarte emprendió el camino hacia Guanajuato, ya era demasiado tarde: se encontró en Zacatecas con las fuerzas de Allende, que venían en retirada. Se puso entonces en marcha para reunirse con Hidalgo, pero antes tenía un asunto que resolver: pasar a la ciudad de Aguascalientes para hacer entrega de la esposa de Calleja. Ilesa y en poder de todas sus alhajas, la mujer fue puesta en libertad.

Después de su derrota en Puente de Calderón, Hidalgo pasó por Aguascalientes, donde se le unió Iriarte con mil quinientos hombres y quinientos mil pesos en caudales. En la hacienda de Pabellón —donde Hidalgo fue despojado del mando—, Allende comenzó a mirar a Iriarte con desconfianza. Más tarde, durante la emboscada en Acatita de Baján, sospechosamente, éste último no fue tomado prisionero. Se retiró a Saltillo, donde fue fusilado por órdenes de Ignacio Rayón.

Entre los cargos en su contra estaban: malversación de fondos, abandono del ejército, desobediencia a sus superiores, no haber auxiliado a Allende en Guanajuato ni a Hidalgo en Guadalajara y, especialmente, haber tenido deferencias para la esposa de Calleja, razones suficientes para considerar que había traicionado la causa de la Independencia.

## 28

## IGNACIO ELIZONDO 1766-1813

> ...murió detestado de muchos, sentido de nadie, no premiado por el gobierno, ni aun castigado su asesino, un hombre que creyó hacer fortuna, adquirir honores y riquezas con su traición...
>
> José Ma. Luis Mora

Ignacio Elizondo era capitán de una compañía de presidios antes de alistarse en las filas de la insurgencia. Contribuyó a que el Nuevo Reino de León, Nuevo Santander y Coahuila lucharan a favor de la Independencia. Obtuvo el cargo de teniente coronel, pero creyéndose digno de un ascenso, pidió a Allende el grado de teniente general. Le fue negado. Elizondo se ofendió y concibió un plan para apoderarse de los jefes insurgentes y entregarlos a las autoridades españolas.

En marzo de 1811, el virrey Venegas ofreció a los caudillos insurgentes el indulto. Hidalgo y los demás jefes no lo aceptaron y decidieron retirarse a Estados Unidos. El mando del movimiento quedó a cargo de Ignacio Rayón. El 11 de marzo salió de Saltillo la caravana rumbo a Monclova. La encabezaban Miguel Hidalgo, Ignacio Allende, Mariano Abasolo, Juan Aldama y Mariano Jiménez.

En complicidad con Manuel Ochoa, Ignacio Elizondo salió de Monclova con más de trescientos hombres y se situó en Acatita de Baján. La traición que planeaba fue conocida por la mujer de Abasolo, pero Hidalgo y Allende despreciaron el aviso y continuaron su camino.

Elizondo formó una tropa para rendir honores a Hidalgo y los demás jefes a su paso, y en la loma ocultó el grueso de sus fuerzas, que se encargó de poner presos a los insurgentes a medida que la caravana avanzaba. No hubo oposición armada de los rebeldes; sin embargo, el impetuoso hijo de Allende sacó su pistola y disparó sobre los traidores. Falló. Elizondo reaccionó de inmediato y el joven recibió del traidor la bala que le quitó la vida.

Los presos fueron conducidos a Monclova, donde Nemesio Salcedo, comandante general de las provincias, procedió por cuenta propia a levantar los cargos. Algunos de los insurgentes fueron sentenciados y ejecutados ahí mismo. Los principales jefes: Hidalgo, Allende, Aldama y Jiménez, fueron llevados a Chihuahua.

Luego de su traición, Elizondo continuó al mando de fuerzas por algún tiempo. Destacó por la crueldad con que trataba a los insurgentes que caían en su poder, hasta que Miguel Serrano, teniente español que se fingió loco, lo asesinó.

# 29

## MARIANO ABASOLO 1783-1816

> ...pretendió en su causa no haber tenido conocimiento de la conspiración hasta después de hecha la revolución, y su papel poco distinguido que en ella hizo, prueba por lo menos que sus compañeros lo tenían por muy insignificante.
>
> LUCAS ALAMÁN

Mariano Abasolo, quizá bajo influencia de Ignacio Allende, fue miembro activo de la conspiración de Querétaro. Cuando Miguel Hidalgo inició el movimiento armado, Abasolo ostentaba el grado de capitán del Regimiento de la reina de San Miguel el Grande. El 16 de septiembre de 1810, mientras Hidalgo convocaba al pueblo para levantarse en armas, Abasolo salió de Dolores rumbo a San Miguel, por lo que no participó en los primeros momentos de la lucha.

Cuando los insurgentes marchaban hacia Celaya, fue designado por Hidalgo para entregar, junto con Ignacio

Camargo, una comunicación dirigida al intendente Riaño en la cual se le invitaba a rendirse. Abasolo regresó con Hidalgo mientras Camargo esperaba la contestación de Riaño y, una vez en Guanajuato, iniciado el ataque contra la Alhóndiga de Granaditas, no intervino.

Después del desastre de Puente de Calderón, en enero de 1811, varios insurgentes lo miraban con desconfianza. Cuando Allende acordó retirarse a Estados Unidos, convocó en Saltillo una reunión para designar a los jefes que habían de quedarse en la ciudad para mantener la insurgencia. Abasolo no aceptó el encargo. El 21 de marzo de 1811, en Acatita de Baján, fue hecho prisionero por las tropas de Elizondo, junto con los otros caudillos, y trasladado a Chihuahua.

Durante su proceso procuró alejar de él toda responsabilidad: en su declaración sostuvo no haber tenido conocimiento de la revolución hasta después de comenzado el movimiento. Señaló que intentó oportunamente instruir al coronel Canal de lo sucedido en Dolores, para evitar así la propagación de la revolución en San Miguel. Por lo que al trasladarse a San Miguel, al día siguiente de la entrada de Hidalgo, pidió al cura de Dolores permiso para retirarse a su casa. También afirmaba que nunca se le confió mando de armas, ni se hizo cargo de algún asunto importante.

Abasolo expuso igualmente que durante el ataque a la Alhóndiga de Granaditas se mantuvo en casa de su amigo Pedro Otero. Durante la batalla de Calderón, a la que acudió sólo para no alimentar la desconfianza de sus compañeros, fue de los primeros en ponerse en fuga. Decía que fue obligado por Hidalgo, en Celaya, a entregar una suma considerable perteneciente a su suegro, Antonio Taboada. Juraba que en el saqueo y matanza de los europeos él no tuvo parte alguna, y que personalmente puso a salvo a más de cien, a quienes sacó de prisión y ocultó.

Manifestó también que era su deseo retirarse de la revolución, por lo que durante su estancia en Saltillo escribió al general Calleja solicitando el indulto que ya se le había ofrecido por medio de su esposa, Manuela de Rojas Taboada, quien con el objeto de seguir a su marido y apartarlo de la revolución obtuvo de Calleja pasaporte general.

De paso, Mariano Abasolo arrastró a la muerte a José María Chico, uno de los hombres de confianza de Hidalgo, y acusó a Allende de haber tolerado todos los asesinatos que se cometieron en Guadalajara. Gracias a su copiosa declaración, y a la intervención de su esposa, quien "no omitió diligencia alguna para salvar la vida de su marido", no fue condenado a muerte, sino a presidio perpetuo en el castillo de Santa Catalina de Cádiz, en España, donde murió el 14 de abril de 1816.

# 30

## FÉLIX MARÍA CALLEJA DEL REY 1755-1828

Su corazón ha sido acaso el más duro que se conoció entre los jefes españoles que hicieron la guerra en México.

José Ma. Luis Mora

Félix María Calleja fue un hombre severo y determinado, de instintos sanguinarios y rapaces. Sin embargo, cualquiera que hubiera sido su carácter, por el mero hecho de combatir a los insurgentes se convirtió en uno de los grandes villanos de la historia mexicana.

Cuando comenzó la insurrección al mando de Miguel Hidalgo, Calleja, brigadier de Caballería en San Luis Potosí, aumentó, organizó y disciplinó sus tropas para combatir a los insurrectos sin esperar las órdenes del virrey. Éste último le envió una comunicación que Calleja recibió rumbo a Querétaro y en la cual se le participaba el estado crítico de la capital tras la derrota de los realistas en el Monte de las Cruces.

En las inmediaciones de Arroyo-Zarco, el brigadier se encontró con las avanzadas de Hidalgo; supo que el ejército independiente había desistido de tomar la ciudad de México y que se hallaba cerca. Por su parte, Hidalgo, con el ejército disminuido por la deserción después de la batalla del Monte de las Cruces, tomó dirección a Querétaro y llegó el 6 de noviembre a San Jerónimo Aculco.

Al día siguiente, las tropas realistas al mando de Calleja vencieron a las huestes de Hidalgo. Seiscientos hombres fueron tomados prisioneros, aunque el brigadier, osadamente, asentó en el parte oficial dirigido al virrey que la pérdida de los insurgentes había sido de diez mil hombres.

Después de su victoria, Calleja creyó inútil continuar con su marcha hacia la ciudad de México; tomó hacia Guanajuato y el 23 de noviembre inició los ataques contra la disminuida tropa de Allende. Los insurgentes defendieron con heroísmo sus posiciones, pero fueron derrotados.

Allende se retiró de Guanajuato. Posteriormente, un numeroso grupo de hombres entró a la Alhóndiga, donde había más de doscientos prisioneros españoles a quienes robaron y asesinaron. Cuando Calleja se enteró de la matanza, entró a la ciudad y ejecutó a todo aquel que encontró a su paso. Comenzaron los fusilamientos indiscriminados: todos los individuos que fueron hechos prisioneros por las fuerzas del militar eran conducidos a una puerta donde Calleja, sin mayor formalidad, les hacía algunas preguntas, les permitía confesarse con un sacerdote y en el acto eran fusilados. "Al poco tiempo de esta carnicería quedó el pasadizo inundado de sangre, regado de sesos y sembrado de pedazos de cráneos de las víctimas."

Con Allende vencido, Calleja formuló un plan para atacar a Hidalgo que consistía en reunir todas sus tropas en Guadalajara para destruir de un solo golpe a los insurgentes y cortar de tajo el alzamiento. El 17 de enero de 1811, en Puente de Calderón, los rebeldes, con un número muy superior de hombres, se enfrentaron a los 6 mil soldados realistas que comandaba Calleja. En un principio, el desarrollo de la batalla favoreció a los insurgentes, pero una granada explotó sorpresivamente sobre sus municiones y destruyó gran parte de su artillería.

Calleja aprovechó el desconcierto para avanzar. El Ejército Realista, después de seis horas de combate en las que estuvo a punto de ser destrozado, terminó vencedor. La derrota insurgente marcó el fin de la primera etapa de la guerra de independencia; sin embargo, el movimiento libertario se había encendido en el sur de la Nueva España.

En febrero de 1812, Calleja fue comisionado por el virrey Venegas para terminar de una vez con el ejército de Morelos. Su mayor enfrentamiento tuvo lugar en Cuautla: el realista sitió el pueblo y permitió que sus hombres se comportaran con extrema crueldad y violencia. Morelos y sus principales hombres resistieron durante 72 días hasta que, debido al agotamiento de víveres, la falta de agua y la amenaza de una epidemia, fue necesario romper el sitio. Morelos logró hacerlo el 2 de mayo de 1812.

Después de esta humillante derrota, Calleja se retiró y comenzó a intrigar contra el virrey Venegas, quien fue cesado. El 4 de marzo de 1813, el conspirador tomó el mando del virreinato de la Nueva España y desde su nueva posición continuó la campaña contra Morelos, quien finalmente cayó en poder de los realistas y fue fusilado el 22 de diciembre de 1815.

Félix María Calleja prosiguió sus intentos para acabar con el movimiento insurgente: ejecutó a numerosos rebeldes y expatrió a otros; muchos fueron enviados a Filipinas y al presidio en África. Sin embargo, no logró apagar por completo la llama independentista. Los rumores de que mantenía viva la insurgencia deliberadamente, buscando quizá sacar provecho de la independencia de la Nueva España, fueron escuchados en Cádiz. Fue relevado del gobierno virreinal en 1816.

# 31

## JOSÉ DE LA CRUZ 1786-1856

> Cruz, cruel y sanguinario con los vencidos como poco animoso en los campos de batalla.
>
> JULIO ZÁRATE

En los inicios de la guerra de Independencia, la relación entre el virrey Venegas y Calleja empezaba a tornarse áspera: las decisiones unilaterales y voluntariosas del segundo ponían en peligro la autoridad del primero. El virrey buscó entonces ponerle enfrente un rival: José de la Cruz, cuya crueldad e infamia eran comparables a las de Calleja, pero quien estaba muy lejos de tener la reputación militar de la que gozaba el hombre que venció a Hidalgo.

De la Cruz salió hacia Valladolid, al mando de una tropa de reserva en apoyo a Calleja, el 16 de noviembre de 1810. Con amenazas de exterminio si hallaba a cualquier persona en posesión de armas, si se encontraban más de seis personas reunidas o si se degollaba a los presos españoles, logró recobrar Valladolid en diciembre de ese año.

Después dejó la ciudad michoacana para unirse a Calleja en Guadalajara; libró bajo sus órdenes la batalla de Puente de Calderón y, mientras Hidalgo y los demás jefes insurgentes eran capturados en Acatita de Baján, los dos realistas prosiguieron su andar hasta Guadalajara para reprimir a los insurrectos de la región.

Antes de partir hacia Saltillo, Calleja ordenó a De la Cruz recuperar Tepic y San Blas; además, le encargó castigar duramente al insurgente José María Mercado, quien falleció de forma accidental el 31 de enero de 1811; los demás jefes de su tropa fueron ejecutados. "Vamos a esparcir el horror y la muerte por todas partes", así reza una carta que le envió De la Cruz a Calleja para confirmar el cumplimiento de su deber.

Como favorito de Venegas, José de la Cruz fue elegido para hacerse cargo del gobierno de la provincia de Nueva Galicia, donde dio muestras de su severa crueldad para con los insurgentes durante diez años. En 1812, Pedro Celestino Negrete, uno de sus hombres, logró acabar con el insurrecto José Antonio Torres. El Amo Torres fue sorprendido en Palo Alto. Los 400 hombres que lo acompañaban fueron ejecutados en el lugar, acuchillados, o quemados en las trojes donde se guarnecían; sólo Torres fue llevado con vida a Guadalajara, donde, por órdenes de De la Cruz, fue ahorcado, descuartizado su cadáver y quemados sus restos.

Sin que le pesara demasiado su pasado como cazador de insurgentes, el 8 de mayo 1821 José de la Cruz mantuvo una entrevista secreta con Iturbide, pero su propia inactividad y su indecisión para unirse a la causa independentista propiciaron que Pedro Celestino Negrete finalmente se adhiriera al futuro emperador y se sublevara contra el propio De la Cruz.

El realista huyó de Guadalajara y se dirigió a Zacatecas, donde se detuvo sólo el tiempo necesario para apoderarse de los fondos depositados en las cajas reales. Siguió su fuga hasta Durango, donde resistió hasta que fue vencido por Negrete. Finalmente, regresó a la ciudad de México y obtuvo de Agustín de Iturbide un salvoconducto para volver a España.

# 32

## LOS INHUMANOS YEDRAS

> Después de la lucha, Morelos entró en las casas que habían horadado los realistas y cada una de ellas ofrecía muestras palpitantes del terrible asalto que acababa de pasar; sus pobres moradores fueron víctimas de la furia de los que atacaron.
>
> JULIO ZÁRATE

En febrero de 1813, el virrey Venegas ordenó a Calleja "dar a Morelos y a su gavilla un golpe de escarmiento que los aterrorice, hasta el grado de que abandonen a su infame caudillo si no se logra aprehenderlo". La instrucción era actuar con rapidez. Calleja confió en que los insurgentes mal armados en Cuautla, un lugar mayormente formado por chozas, no resistirían los embates de su disciplinada tropa.

Cuautla estaba en absoluto movimiento. Hombres, mujeres y niños trabajaban, dispuestos a morir bajo los escombros antes que permitir el triunfo de Calleja. Morelos se fortificó en la iglesia y el convento de San Diego, donde rechazó todos los ataques realistas. Cientos de muertos y heridos yacían tendidos por las calles del pueblo al iniciarse el sitio el 19 de febrero de 1812.

Calleja había subestimado la fuerza de Morelos, pero estaba dispuesto a todo para arrasar con los insurgentes y permitió a sus tropas excesos de cualquier tipo para lograrlo: "Cuautla debe ser demolida, y si es posible sepultados los facciosos en sus recintos [...] nadie se atreverá en adelante a encerrarse en los pueblos, ni encontrarán otro medio para libertarse de la muerte que el de dejar las armas; pero para esto se necesitan medios oportunos".

Un grupo de realistas del provincial del Guanajuato, llamados Yedras por el color de sus uniformes, cometió actos atroces contra la población del lugar. En una de las calles del pueblo, las familias se resguardaron en sus chozas confiando en que Calleja no atacaría a los civiles, pero los "inhumanos Yedras" —como serían conocidos popularmente—, tratando de abrirse paso para llegar a las calles principales y esquivar las tropas de Morelos, ocuparon los corrales de las casas, entraron a ellas y arremetieron contra las familias. No dejaron a nadie vivo: hombres, mujeres y niños fueron asesinados. Los cadáveres de las mujeres yacían sobre los de sus hijos; habían fallecido intentando proteger a sus críos. Familias completas murieron.

Terminada la guerra de Independencia, a la calle donde sucedieron los hechos se le llamó Callejón Yedras, paralelo a otra calle que lleva por atinado nombre Víctimas de Calleja.

# 33

## AGUSTÍN DE ITURBIDE 1783-1824

El hecho de haber consumado la independencia es indestructible, y el nombre de quien la realizó bajo los más felices auspicios, no merece quedar en la historia como un criminal, sino como el de una persona ilustre que hizo bien a su patria y a quien sus conciudadanos deben un recuerdo constante de justa gratitud.

ENRIQUE OLAVARRÍA Y FERRARI

Agustín de Iturbide ingresó a la milicia como alférez del regimiento provincial de Valladolid. Al ocurrir la escandalosa conspiración contra el virrey Iturrigaray prestó sus servicios para acabar con el motín de Yermo, aunque no tuvo éxito. En 1809 participó en la represión contra los conspiradores Michelena y García Obeso en Valladolid, de cuyo grupo había formado parte antes de denunciarlos.

Alguna vez escribió —en su *Manifiesto de Liorna*— que Miguel Hidalgo le ofreció el grado de general en las filas insurgentes, cargo que rechazó por parecerle que el plan del sacerdote estaba tan mal trazado que sólo produciría desorden, derramamiento de sangre y destrucción. En cambio, enlistado en las huestes realistas Iturbide combatió con ferocidad a los insurrectos, contra quienes llevó a cabo un desmedido número de ejecuciones, dejando a su paso un torrente de sangre.

Su dureza no sólo era evidente en los campos de batalla o con los prisioneros de guerra: también con los pacíficos pobladores que simpatizaban con la causa de la Independencia. "No es fácil calcular el número de los miserables excomulgados que de resultas de la acción descendieron ayer a los abismos", escribió luego de enviar a mejor vida a varios de sus enemigos.

Como comandante del Bajío, en 1815 fue acusado de comercio abusivo, especulación y monopolio de granos. Estas imputaciones llegaron a oídos del virrey Calleja, quien en 1816 se vio obligado a remover a uno de sus jefes más estimados. Aunque fue absuelto, su reputación se vio seriamente dañada, por lo que Iturbide se retiró a la ciudad de México por algún tiempo.

En 1820 se restableció la constitución española de Cádiz, que no fue bien acogida en México. Los peninsulares residentes en la Nueva España, partidarios del absolutismo, se reunieron para intentar independizarse de la Corona —en lo que se conoció como la conspiración de La Profesa— y para ello consideraron necesario terminar con la guerrilla de Vicente Guerrero.

El virrey Apodaca puso al frente de las tropas del sur al comandante Agustín de Iturbide, quien el 16 de noviembre de 1820 salió de la capital, instaló su cuartel en Teloloapan y, después de varios reveses propinados por Guerrero, prefirió elaborar un plan distinto al de La Profesa. El 10 de enero de 1821, Iturbide escribió una carta al insurgente en la que lo invitaba a terminar con la guerra. Guerrero aceptó que unieran sus fuerzas si con ello se lograba la Independencia.

El 24 de febrero de 1821 se proclamó el Plan de Iguala e Iturbide se convirtió en jefe del Ejército Trigarante. De inmediato logró la adhesión de casi todos los mandos y las tropas realistas e insurgentes. El 24 de agosto, don Juan de O'Donojú —el último gobernante que envió España— firmó con Iturbide los Tratados de Córdoba, reconociendo la Independencia de México. El 27 de septiembre de 1821, en medio de gran algarabía, el libertador, al frente del Ejército Trigarante, hizo su entrada triunfal a la capital mexicana, donde se vio consumada la Independencia de la nación.

Iturbide tomó a su cargo la dirección de los asuntos públicos. Entre sus primeros actos, nombró una junta de gobierno, que a ojos de todos pareció sospechosa, para redactar el Acta de Independencia y organizar un Congreso; la junta lo designó su presidente, después fue nombrado presidente de la Regencia y, convenientemente, la Regencia decretó para él un sueldo de 120 mil pesos anuales retroactivos al 24 de febrero de 1821, fecha en que promulgó el Plan de Iguala. Además, excluyó a los veteranos de la insurgencia, a quienes Iturbide veía con desprecio.

El libertador movilizó a sus partidarios para que su ascenso al trono pareciera una exigencia popular. El 18 de mayo de 1822, el sargento Pío Marcha lo proclamó emperador y, acompañado por una gran multitud, fue hasta su casa para de ahí llevarlo en andas al Congreso. Un par de meses después, el 21 de julio, Iturbide fue coronado.

El imperio de Agustín I fue hostilizado por republicanos y liberales. Las dificultades se hicieron evidentes en el Congreso; Iturbide lo disolvió y aprehendió a muchos de sus miembros, pero no logró restablecer la estabilidad política de su gobierno. Reinstaló el Congreso, y entonces no supo defender fehacientemente su corona: los rebeldes le ganaron terreno y lograron que abdicara. Iturbide salió de la ciudad de México con su familia y marchó a Veracruz para embarcarse a Europa.

Instalado en Londres, le llegaron noticias de que la independencia de México peligraba. Instado por algunos de sus partidarios —quienes le aseguraban que en México la opinión pública estaba a su favor— se embarcó de regreso. Desconocía que el Congreso lo había declarado traidor y que se le consideraba fuera de la Ley.

Después de sesenta y nueve días de viaje, desembarcó en Soto la Marina, Tamaulipas, donde fue descubierto. Ser el consumador de la Independencia no fue suficiente para salvarle la vida: el gobierno había puesto precio a su cabeza y se ensañó con el libertador, quien fue fusilado en Padilla, Tamaulipas, el 19 de julio de 1824.

Casi inmediatamente después de muerto, el gobierno decidió desterrar a Iturbide del recuerdo de sus conciudadanos y negarle sus méritos como libertador. Aún hoy es considerado uno de los más grandes villanos de la historia mexicana.

# 34

## JOEL R. POINSETT 1779-1851

> Confesaré que le tengo mucho más miedo al clima: no solamente son peligrosos y poco elegantes el vómito negro y las fiebre biliosas, sino que prefiero caer en manos de bandidos que dar en las de un médico mexicano.
>
> JOEL R. POINSETT

El político y diplomático Joel R. Poinsett fue el primer embajador estadounidense en México. Desembarcó en Veracruz el 18 de octubre de 1822, con el supuesto fin de informar a su gobierno sobre la situación que prevalecía en el imperio de Agustín de Iturbide, cuando en realidad había sido comisionado por el gobierno de Estados Unidos para negociar con México la venta o cesión de una gran extensión de su territorio, incluyendo Texas, Nuevo México y las Californias. Llegó incluso a gestionar la compra de Texas mediante el pago de cinco millones de dólares.

Poinsett intervino en los asuntos internos de la nación y consiguió dividir los ánimos del país: arraigó odios entre las logias masónicas apoyando a los yorkinos; instigó a Vicente Guerrero y a sus partidarios a no reconocer la derrota electoral de 1828 y a movilizarse hasta lograr el retiro del candidato triunfador para entregarle el poder al propio Guerrero. Con el viejo insurgente en el poder, provocó a la población mexicana y al gobierno para repudiar y expulsar a los españoles.

El sentimiento popular, como el de los políticos, estaba en su contra: "no podrá conseguirse la unión de los mexicanos mientras entre nosotros permanezca Mr. Poinsett, padre del infortunio y autor de la maldad". José María Bocanegra, secretario de Relaciones del presidente Vicente Guerrero, pidió al presidente Jackson que diera fin a la misión del diplomático en México. Poinsett salió de la capital el 3 de enero de 1830, no sin antes hacer una más de las suyas: se llevó algunos ejemplares de la flor de Nochebuena y la llevó a Estados Unidos, donde la hizo famosa bajo el nombre de *poinsetta*.

Tras la retirada del polémico embajador, el periódico *El Sol* señaló: "El domingo 3 de enero salió de México Poinsett, al huir de entre nosotros este famoso autor del yorkismo iba acompañado de millones de maldiciones".

# 35

## ANASTASIO BUSTAMANTE 1780-1853

Por lo mismo que la traición empleada para deshacerse de don Vicente Guerrero había sobrepasado a cuanto puede ser tenido como un ardid de guerra, la administración de don Anastasio Bustamante procuró desde el primer momento hacer desaparecer las pruebas de ella.

JUAN DE DIOS ARIAS

Antes de ser militar y político, Anastasio Bustamante fue un médico preparado en la Real y Pontificia Universidad de México que ocupó la dirección del Hospital de San Juan de Dios en San Luis Potosí, donde atendió la enfermedad de los ojos que padecía la esposa de Félix María Calleja.

En 1808 se incorporó al ejército y llegó a ser teniente del batallón de San Luis. Dos años después, junto con Calleja, derrotó a los insurgentes en San Jerónimo Aculco y Puente de Calderón; gracias a estas victorias fue nombrado capitán. Después combatió a Morelos en el sitio de Cuautla y recibió la orden de perseguirlo cuando el revolucionario logró romper el cerco.

En 1815 se le ordenó cubrir la retirada del realista Barradas cuando fue atacado por José Francisco Osorno, y en 1817 combatió a Xavier Mina en el fuerte del Sombrero y en el río de los Remedios. Después del fusilamiento de Mina fue ascendido a coronel.

Como muchos otros realistas, combatió severamente a los insurgentes hasta que se adhirió al Plan de Iguala propuesto por Agustín de Iturbide, a quien permaneció fiel. Como miembro de la Junta de Gobierno recibió numerosos cargos y ascensos; tras la caída del emperador, el presidente Guadalupe Victoria le concedió el cargo de general de División, y cuando Vicente Guerrero llegó a la presidencia, mediante un golpe de Estado, fue nombrado vicepresidente.

En 1829, una escuadra española al mando de Isidro Barradas intentó reconquistar México. El militar desembarcó en Tampico, donde fue derrotado por las tropas de Santa Anna. A pesar de la victoria, y ante el temor de otra invasión, Guerrero envió a su vicepresidente a Jalapa con mando de tropas. Las condiciones estaban listas para un nuevo golpe de Estado.

Bustamante aprovechó el levantamiento organizado con el Plan de Jalapa para rebelarse contra Guerrero, a quien traicionó y despojó de la presidencia en enero de 1830. Para consolidar su efímera posición, logró que durante su administración el Congreso inhabilitara a Guerrero para gobernar. Formó un gabinete ultraconservador, en el que figuraba Lucas Alamán y cesó a todos los que no eran sus incondicionales; reprimió la libertad de prensa, creó la policía secreta —que se excedía en sus funciones y formas— y desterró del país a los masones yorkinos por ser progresistas, federalistas y liberales. La prensa independiente lo llamó *Brutamante* por su política conservadora y severa.

El 14 de febrero de 1831, Vicente Guerrero fue fusilado. Anastasio Bustamante pagó cincuenta mil pesos en oro a un marino genovés por traicionarlo, capturarlo y entregarlo. Esto le valió entonces el desprecio de los mexicanos, aunque —quizá poseedora de una memoria histórica muy corta— la sociedad aceptó que Bustamante fuera presidente dos ocasiones más.

# 36

## FRANCISCO PICALUGA 1792-1836

> Picaluga no se inmutó ni dijo una palabra, con una sangre fría propia de los hombres avezados, como él, a toda clase de maldades. Exhibió el coronel tres mil onzas de oro y dos mil pesos fuertes, que llevó de México para que fueran entregados al genovés Picaluga como premio convenido con él por su escandalosa y repugnante acción.
>
> MANUEL ZAVALA

Los aires de la traición recorrieron las aguas del Pacífico para soplar sobre las costas de Oaxaca. Después del levantamiento de Anastasio Bustamante contra el presidente Vicente Guerrero, el viejo caudillo salió a combatirlo, pero el Congreso aprovechó su ausencia y lo declaró imposibilitado para gobernar. Vicente Guerrero se refugió entonces en las montañas del sur de país.

Por entonces, en 1830, Francisco Picaluga, de origen genovés y capitán del bergantín *Colombo*, llegó al puerto de

Acapulco con un cargamento que pretendió meter al país sin pagar los derechos correspondientes. Las autoridades confiscaron su carga, la cual le entregarían a cambio de dos mil pesos. El gobierno de Anastasio Bustamante, por medio de su ministro de Guerra, José Antonio Facio, ofreció ayudar a Picaluga con sus asuntos de aduana si, aprovechando su amistad con Guerrero, lo apresaba y lo entregaba al gobierno.

El 15 de enero de 1831, el traidor invitó a comer a Guerrero a bordo de su bergantín, donde ya esperaba al insurgente un comando militar que lo hizo prisionero. Desembarcaron en Huatulco —en la llamada playa de La Entrega— y Picaluga puso al rebelde en manos del capitán Miguel González. El consejo de guerra, presidido por Valentín Canalizo, condenó a muerte a Vicente Guerrero, quien fue pasado por las armas el 14 de febrero de 1831 en Cuilapan, Oaxaca, hoy Cuilapan de Guerrero.

El crimen le costó al gobierno de Bustamante los cincuenta mil pesos que recibió Picaluga al entregar a Guerrero. Después de consumada su traición el marinero se ausentó del país, pero en Génova fue declarado enemigo de la patria, obligado a indemnizar a los herederos de Guerrero y condenado a la pena capital.

# 37

## LUCAS ALAMÁN 1792-1853

> Nada le ha parecido malo para conseguir sus fines; y la serie de actos sangrientos de que hemos visto manchado este periodo... han emanado principalmente de Alamán.
>
> LORENZO DE ZAVALA

Lucas Alamán, padre intelectual del partido conservador durante el siglo XIX, fue defensor del centralismo, buscó el establecimiento de una monarquía constitucional; exacerbó los ánimos de los liberales con su política ultraconservadora, se vio involucrado en el complot para atrapar y fusilar a Vicente Guerrero, y fue el cerebro de Santa Anna en varias de las ocasiones en que ocupó la presidencia de México.

Como principal ideólogo del conservadurismo en la primera mitad del siglo XIX fue uno de los personajes más polémicos del periodo: incluso sus enemigos reconocían que era un hombre con irrefutable apego a sus principios.

Sus opiniones acerca de Hernán Cortés y la Conquista fueron siempre favorables al conquistador; como apoderado de sus descendientes, Alamán puso a salvo los restos de Cortés cuando una turba quiso destruirlos.

Fue también un crítico voraz de la guerra de Independencia: juzgó severamente a Hidalgo y a los historiadores de tendencia liberal que intentaron exaltar, como un héroe inmaculado, al Padre de la Patria. "Absurdo principio se ha querido establecer —escribió— de despojar de la gloria de haber hecho la Independencia a los [realistas] que verdaderamente la verificaron, para atribuirla a los [insurgentes] que no hicieron más que mancharla y retardarla".

Si bien su ideología nunca comulgó con la historia oficial escrita por los liberales y, por el contrario, fue repudiada, su integridad e inteligencia no se cuestionaron: fue congruente hasta el último minuto, y dejó importantes obras para entender las convulsionadas décadas de la primera mitad del siglo XIX. Hacia el final de su vida, Alamán escribió: "Dios quiera tratarme mejor de lo que han hecho los hombres", pero la historia de México sigue sin reivindicarlo. La luz de su pensamiento se apagó el 2 de junio de 1853.

# 38

## LORENZO DE ZAVALA 1788-1836

> Para Zavala... los empleos e influencia política a que aspiraba no eran más que un escalón para llegar a la riqueza; considerando el poder tan sólo como instrumento de hacer dinero y no teniendo por reprobado ningún medio de adquirirlo.
>
> LUCAS ALAMÁN

Lorenzo de Zavala fue uno de los más destacados miembros de las Juntas de San Juan, con las que Yucatán apoyó el movimiento de Independencia. Fundó el primer periódico de la ciudad, donde plasmó sus ideas radicales, y en 1814 fue encerrado en la prisión de San Juan de Ulúa por manifestar su apoyo a la Constitución de 1812 y al regreso de Fernando VII al trono español.

Formó parte de la logia yorkina y, célebre por sus ideas liberales, fue nombrado diputado en las cortes de Cádiz. Regresó a México en 1822 para ocupar un lugar en el Congreso mexicano, donde se mostró fiel a Iturbide, pero supo sacar provecho de las diferencias que existían entre el gobernante y los representantes populares.

Como partidario de Vicente Guerrero participó activamente en el violento motín de La Acordada en contra de Manuel Gómez Pedraza, quien había ganado las elecciones presidenciales en 1828. Con el apoyo de varios seguidores, Zavala azuzó al pueblo para que saqueara El Parián, mercado donde estaban instalados comerciantes españoles. El motín provocó muchas muertes y acabó con la legalidad; significó la caída de Gómez Pedraza y el ascenso de Guerrero al poder.

Sin poder negar nada a quienes le habían dado el triunfo, el nuevo presidente nombró ministro de Hacienda a Lorenzo de Zavala. Pero el otrora diputado no duró mucho en el cargo: su innegable admiración por el sistema político estadounidense lo llevó a defender públicamente a J. R. Poinsett, primer embajador de Estados Unidos en México, quien hacia 1828 ya era profundamente repudiado entre los mexicanos. Poinsett fue expulsado del país y Zavala pagó las consecuencias de su apoyo: fue aprehendido en la Casa de Moneda y separado de sus funciones.

En 1832, Lorenzo de Zavala ocupó nuevamente la gubernatura del estado de México, recuperando también la representación en Yucatán, pero su marcada tendencia liberal hizo que Manuel Gómez Pedraza, de regreso en la Presidencia de la República luego de la muerte de Guerrero, lo enviara fuera del país con credenciales diplomáticas.

Si bien no era un hombre que despertara amplias simpatías, su ingreso a la lista negra de la historia oficial ocurrió en 1835, cuando abandonó la diplomacia e, instalado en Texas, colaboró arduamente con los texanos para alcanzar la independencia, llegando incluso a convertirse en vicepresidente de la Nueva República. Por este hecho, Zavala fue considerado traidor y perdió la nacionalidad mexicana. Murió en Texas en 1836.

# 39

## ANTONIO LÓPEZ DE SANTA ANNA 1794-1876

> La Providencia ha querido que mi historia sea la historia de México desde 1821.
>
> ANTONIO LÓPEZ DE SANTA ANNA

Hombre veleidoso, soberbio e inconsistente, ambicioso y superfluo, Santa Anna fue en su época, al mismo tiempo, héroe y villano. Más que el cargo de vendepatrias que le asignó la historia oficial, su mayor culpa fue haber fomentado la división de la clase política en la primera mitad del siglo XIX y provocar un largo periodo de inestabilidad política que llevó al país a varios conflictos internacionales en los que se perdió gran parte del territorio nacional.

Antonio López de Santa Anna hizo su aparición en la historia de México como cadete del regimiento fijo de Veracruz contra los insurgentes. En 1821 se adhirió al Ejército Trigarante y en seis meses ascendió de teniente hasta el grado de brigadier que le confirió Iturbide; "ascenso tan rápido debía ser perjudicial... Iturbide no tardó en experimentar los inconvenientes de tan rara distinción".

Los ninguneos y desaires por parte del emperador le parecieron a Santa Anna motivos suficientes para tomar las armas y enarbolar la bandera de la República. Se pronunció contra el imperio, apoyó a Guadalupe Victoria, y el 1 de febrero de 1823 firmó el Plan de Casa Mata. Ante la presión del movimiento armado, Iturbide reinstaló el Congreso y posteriormente abdicó para dar paso a la República.

Cuando sobrevino la sucesión presidencial, en 1828, Santa Anna respaldó el golpe de Estado de Vicente Guerrero que declaró nula la elección ganada por Manuel Gómez Pedraza. Un año después se convirtió en el hombre del momento, el caudillo indispensable, al derrotar en Tampico al brigadier español Isidro Barradas, quien intentaba reconquistar México. Su triunfo lo colocó en la primera línea del escenario nacional. Públicamente se le comenzó a llamar "el héroe de Tampico".

Santa Anna ocupó por vez primera la presidencia en 1833. Desde ese año, y hasta 1853, determinó en gran medida el destino del país; tuvo el poder en sus manos y lo abandonó tantas veces como quiso. Su presencia, la inconsistencia de la clase política y la conformidad de la sociedad abrieron una etapa de crisis, de levantamientos sin sentido, de ausencias, de nombramientos absurdos, de imposiciones de caudillos de baja estofa, de destituciones. Todo lo manejó a su antojo y conveniencia.

Si bien en 20 años ocupó once veces la silla presidencial, en tiempo efectivo sólo gobernó durante seis años; pero su presencia como árbitro, juez y parte fue permanente. Su falta de compromiso y de convicciones llevó a México a un terrible periodo de inestabilidad política durante el cual el ascenso y la caída de presidentes se convirtieron en el pan de cada día.

Con la misma facilidad con la que apostaba a los gallos, Santa Anna disolvía congresos, los volvía a instalar o cambiaba la forma de gobierno de una república federal a una central. Esta situación llevó a los colonos texanos a tomar las armas para proclamar su independencia. En 1836, Santa Anna organizó un ejército y marchó para someter a los rebeldes.

La sanguinaria victoria en El Álamo preludiaba una exitosa campaña; sin embargo, inexplicablemente, al llegar a San Jacinto el 19 de abril de 1836, Santa Anna decidió dormir la siesta cuando tenía al enemigo a ochocientos metros de distancia. En un abrir y cerrar de ojos los texanos, apoyados por filibusteros estadounidenses, cayeron sobre las tropas mexicanas. Samuel Houston hizo prisionero a Santa Anna y lo envió a Washington, donde firmó los Tratados de Velasco en los que se comprometió a reconocer la independencia de Texas.

Al regresar a México Santa Anna fue repudiado por la sociedad, pero dos años después el destino le ofreció nuevamente el reconocimiento público: durante la Guerra de los Pasteles contra Francia, en 1838, el militar jalapeño perdió una pierna y, aunque el conflicto se resolvió por medios no bélicos, la sociedad se le entregó nuevamente y una importante muchedumbre estuvo presente en el solemne entierro de la pierna del caudillo.

Aunque a Santa Anna se le culpa de la pérdida de la mitad del territorio en la guerra con Estados Unidos (1846-1848), lo cierto es que en los tratados de paz llamados de Guadalupe Hidalgo, con los cuales se verificó el despojo, no aparece su firma. Sin embargo, su incapacidad militar y su personalidad caprichosa abonaron en la derrota de México: cuando los invasores avanzaban por el noreste pudo haberlos vencido en la Angostura, cerca de Monterrey y Saltillo pero, otra vez, inexplicablemente, se retiró del campo de batalla cuando tenía la victoria en sus manos.

Su último periodo en la Presidencia fue una oda a los excesos. Comenzó gobernando con medida y prudencia gracias a la presencia de Lucas Alamán en su gabinete, pero cuando su ministro murió Santa Anna perdió la brújula y gobernó como si fuera un monarca: suprimió la libertad de prensa; exilió a varios de sus opositores, entre ellos a Melchor Ocampo y Benito Juárez; canceló los derechos individuales e, imponiendo su voluntad, se entregó al derroche y a los lujos; utilizó los fondos de la Hacienda pública para desfiles, fiestas militares y ceremonias religiosas; vendió a Estados Unidos el territorio de la Mesilla y cobró impuestos absurdos por el número de perros, de puertas y ventanas en las casas, o por el número de nodrizas que se utilizaran.

Finalmente, se hizo llamar "Alteza Serenísima". El descontento se generalizó y el 1º de marzo de 1854, Juan Álvarez e Ignacio Comonfort se levantaron en armas contra la dictadura bajo el Plan de Ayutla, abriendo la puerta de la historia a los liberales.

A pesar de su caída, Santa Anna no cejó en su intento de volver una vez más al poder: durante la intervención francesa quiso prestar sus servicios al Segundo Imperio, pero fue rechazado; lo intentó igualmente con Benito Juárez, con idéntico resultado.

Solo y sin amigos, el gran villano de la historia de México regresó al país en 1874. Murió en la ciudad de México el 21 de junio de 1876, viejo, despreciado y sin recursos, con la única gloria de sus propios recuerdos.

# 40

## IGNACIO COMONFORT 1812-1863

> Su transformación era realmente increíble al entrar en discusiones sobre gobierno... Se descubría al hombre de principios infirmes... el vaivén del moderado, el zigzag del conciliador, el tira y afloja de los que quieren un medio sí y un medio no, como decía Ocampo.
>
> GUILLERMO PRIETO

Comonfort fue el hombre que acaudilló la revolución contra la dictadura de Antonio López de Santa Anna en 1854 pero enarbolando los principios liberales, desconoció la Constitución liberal de 1857 que había jurado y puesto en vigor como presidente.

Fue luego de la caída de Santa Anna, en 1855, cuando Ignacio Comonfort fue nombrado presidente interino. Con un gabinete formado por liberales y conservadores, su administración fue el preámbulo de la guerra de Reforma, anticipada por el sinnúmero de intrigas a que dio pie la excesiva preocupación presidencial por conciliar los intereses de los dos grupos en pugna.

En este contexto, con la promulgación de las leyes prerreformistas, que suprimieron el fuero eclesiástico y militar, y particularmente con la ley Lerdo del 25 de junio de 1856, que intentaba poner en circulación las propiedades de la Iglesia, estallaron varios movimientos antigubernamentales alentados por el clero y el Partido Conservador, opuestos a las reformas liberales.

Ignacio Comonfort juró la Constitución de 1857 el 5 de febrero de ese año. En cuanto la nueva Carta Magna entró en vigor los ánimos se encendieron nuevamente, sobre todo cuando la Iglesia amenazó a sus oponentes con la excomunión. Debido a su educación conservadora, no obstante su filiación liberal, Comonfort comenzó a dudar que la nueva ley pudiera resolver la situación política del país.

El 1° de diciembre de 1857 protestó como Presidente constitucional. La situación política era grave y había en el aire un ambiente de guerra. En los días siguientes, el carácter dubitativo y la tibieza del mandatario asomaron nuevamente: se arrepintió de haber apoyado las medidas liberales implementadas en el último año y, prestando oídos a los conservadores, el 17 de diciembre desconoció la Constitución que había jurado. Sin más, dio un autogolpe de Estado.

Se dice que su madre influyó en la temeraria decisión: le expresó a su hijo que la Carta Magna contenía disposiciones contrarias a la Iglesia y a los preceptos de Dios. Además, la excomunión, en caso de muerte, significaba el fuego eterno. Los argumentos maternales terminaron por convencerlo.

Unos días después, Comonfort reapareció nuevamente arrepentido y quiso remediar la situación, pero los conservadores, con el poder en sus manos, lo ningunearon y los liberales, encabezados por Benito Juárez, lo repudiaron. Solo y sin apoyo, marchó al destierro dejando tras de sí el comienzo de la guerra de Reforma.

En 1863, Ignacio Comonfort quiso redimirse ante la Patria y, en plena intervención francesa, se puso a las órdenes de la República. Juárez le permitió incorporarse a la defensa de la nación. Murió en una emboscada en el Molino de Soria, cerca de Chamacuero, Guanajuato, el 13 de noviembre.

# 41

## FÉLIX MARÍA ZULOAGA 1803-1898

> Nadie podía desconocer a lo que México se exponía sin Constitución y sin leyes, siendo el juguete de la voluntad de algunos; una mirada sobre los campos de ruinas y de incendios, sobre los lagos de sangre en los pueblos que quisieron oponer la ley a la fuerza.
>
> MANUEL RIVERA CAMBAS

Más que un político, Félix Zuloaga era el prototipo del conservador de mediados del siglo XIX: devoto, religioso, celoso de sus privilegios de clase y antiliberal. Más por sus ideas que por sus actos, la historia oficial lo envió al infierno cívico.

El 17 de diciembre de 1857, apoyado por las tropas de La Ciudadela, Félix María Zuloaga tomó la capital del país enarbolando el Plan de Tacubaya, que desconocía la Constitución de 1857. Este hecho marcó el inicio de la guerra de Reforma y enfrentó a los conservadores —quienes intentaban restablecer los fueros y privilegios de los que habían gozado desde la consumación de la Independencia— contra los liberales, cuya bandera no era otra que la Constitución de 1857 y el principio básico del liberalismo político: igualdad ante la Ley.

El presidente Comonfort había desconocido la Constitución y aceptado el Plan de Tacubaya. Varios liberales fueron apresados, entre ellos Benito Juárez, por entonces presidente de la Suprema Corte de Justicia de la Nación. Poco después, el 11 de enero de 1858 los conservadores desconocieron al mandatario y nombraron presidente a Félix Zuloaga, quien había sido uno de los artífices del golpe de Estado.

El gobierno de Zuloaga tuvo que combatir a los liberales encabezados por Benito Juárez, quien fue puesto en libertad por un Comonfort arrepentido de su decisión. De acuerdo con la Constitución, ante la ausencia del presidente debía ocupar el Poder Ejecutivo el titular de la Suprema Corte de Justicia, puesto que por entonces ocupaba Juárez. Mientras el futuro del país se dirimía en los campos de batalla, el único acto relevante que como presidente tuvo Zuloaga fue rechazar una propuesta de un representante de Estados Unidos que le ofreció el reconocimiento de su gobierno a cambio de concesiones territoriales.

En diciembre de 1858, el conservador Miguel María Echegaray enarboló el Plan de Navidad y Zuloaga fue destituido del Poder Ejecutivo, que fue puesto en manos del general Miguel Miramón. El joven presidente, de apenas 27 años, decidió reinstalar en el cargo a Zuloaga; don Félix, en agradecimiento, lo nombró presidente sustituto y le cedió el poder. Sin embargo, poco tiempo después se arrepintió y, celoso del éxito y el carisma de Miramón, intentó asumir de nuevo el poder. Miramón entonces lo aprehendió personalmente y se lo llevó al frente de batalla: "Voy a enseñar a usted cómo se ganan las presidencias", le dijo.

Zuloaga logró escapar y estuvo escondido hasta 1861, año de la derrota conservadora en la guerra de Reforma, para unirse después a las gavillas de Leonardo Márquez, autodenominándose presidente de México. Tiempo más tarde Márquez acusó a Zuloaga de haber ordenado la ejecución de Melchor Ocampo en junio de 1861, lo que nunca pudo probarse. Finalmente, el triunfo liberal en la guerra de Reforma llevó al destierro a Félix María Zuloaga, quien regresó al país en 1864, pero ya no se involucró en la política. Murió en México en 1898.

# 42

## LEONARDO MÁRQUEZ 1820-1913

> Leonardo Márquez... este nombre se escribe con sangre. Cuando se le pronuncia, las aves de rapiña se estremecen de gozo, y el eco de los sepulcros parece un toque de alarma; los espectros de los fusilados se levantan de sus tumbas, quemados por la pólvora y atravesados a quemarropa.
>
> L'Esprit Public, periódico de París

Durante la guerra de Reforma, el Ejército Liberal, al mando del general Santos Degollado, intentó tomar la ciudad de México; el 11 de abril de 1859, el general Leonardo Márquez lo derrotó, haciéndose de un gran número de prisioneros. Consumada la victoria, le envió un parte de guerra al general Miramón, quien le ordenó fusilar a todos los oficiales.

El grupo de prisioneros que se encontraba en Tacubaya no sólo estaba conformado por oficiales liberales: entre ellos había varios médicos y estudiantes de medicina que se habían sumado a la batalla para brindar primeros auxilios a los heridos. Márquez no cumplió al pie de la letra las órdenes de Miramón y mandó fusilar inmediatamente a todos los prisioneros; a los médicos y estudiantes muertos se les conoció desde entonces como "los mártires de Tacubaya", y el verdugo que los asesinó pasó a la historia como el Chacal Márquez o el Tigre de Tacubaya.

Al año siguiente, en la primera oportunidad, Miramón despojó del mando a Márquez y lo sometió a juicio, tanto por haberse robado los fondos depositados en el consulado inglés de Guadalajara como por haber fusilado a aquellos médicos inocentes.

Tan pronto concluyó la guerra de Reforma con la victoria de los liberales, en 1861, Miguel Miramón salió del país. Leonardo Márquez decidió quedarse con las pocas tropas que le quedaban y continuó hostilizando al gobierno liberal del presidente Juárez en una violenta campaña que culminó, ese mismo año, con el asesinato de una de las figuras más prominentes del liberalismo mexicano: Melchor Ocampo, quien fue violentamente tomado prisionero y fusilado. Márquez, no satisfecho con darle injusta muerte, ordenó que el cadáver fuera colgado de un árbol a la orilla del camino de la hacienda de Caltengo, en Tepeji del Río.

La muerte de Ocampo conmocionó al país y, particularmente, al gobierno de Juárez, quien a pesar de haber vencido en la guerra de Reforma no tenía los recursos ni las tropas suficientes para acabar con las gavillas de Márquez. Santos Degollado se ofreció a tomar venganza. El Congreso le permitió reivindicarse en el campo de batalla y castigar a los asesinos de Ocampo.

Degollado cruzó el Monte de las Cruces y llegó con unos pocos soldados a los Llanos de Salazar. Durante la batalla recibió una herida de bala y no tuvo tiempo ya de ordenar la retirada: uno de los hombres de Márquez cabalgó hasta el sitio donde yacía herido y de una descarga lo asesinó.

La muerte de Santos Degollado provocó que el gobierno liberal organizara una tropa mucho más experimentada para combatir y aniquilar a Márquez. El mando fue entregado al joven general Leandro Valle, a quien se le confió vengar las muertes de los liberales. El 22 de junio de 1861 partió Leandro Valle, pero corrió con la misma suerte que sus antecesores: fue hecho prisionero y fusilado por Márquez.

Éste no fue el último acto inmoral del Tigre de Tacubaya: en 1867 dejó cercado al emperador Maximiliano en Querétaro y fue por refuerzos a la ciudad de México, pero en lugar de regresar en auxilio de su monarca, se dirigió a Puebla para librarla del asedio de Porfirio Díaz, donde fue derrotado por las tropas republicanas.

El Chacal Márquez nunca pagó por los muchos crímenes que cometió. Tras la caída del Segundo Imperio logró salir del país y se refugió en Cuba, donde murió a los 93 años sin jamás haber purgado condena alguna.

# 43

## LINDORO CAJIGA ¿?-1862

> Quedan fuera de la ley y de toda garantía en sus personas y propiedades, los execrables asesinos Félix Zuloaga, Leonardo Márquez... y Lindoro Cajiga... Y el que libertase a la sociedad de cualquiera de estos monstruos, ejecutará un acto meritorio ante la humanidad y recibirá una recompensa de diez mil pesos...
>
> BENITO JUÁREZ

Lindoro Cajiga, bandido cruel y desalmado, azote de los hacendados y asaltante feroz de los viajeros en los convulsionados años de la Reforma, fue jefe de una gavilla de salteadores bien organizada cuyo centro de operaciones estaba en las cercanías de Arroyo Zarco, Estado de México, donde aterrorizaba a la población cada vez que volvía atropelladamente para celebrar sus violentas hazañas.

Pero no fue su carrera de bandolero la que lo llevó a las páginas de la historia: en los últimos días de mayo de 1861 Melchor Ocampo se encontraba en su hacienda de Pomoca, en Michoacán; el 1º de junio fue sorprendido por Lindoro Cajiga, quien lo tomó prisionero con lujo de violencia y lo condujo hasta Arroyo Zarco, donde se encontraba Leonardo Márquez. De ahí llevaron al ilustre prisionero a Tepeji del Río y lo fusilaron en la hacienda de Caltengo. Su cadáver fue colgado de un árbol.

Días más tarde, Leandro Valle fue comisionado para cobrar venganza por la muerte de Ocampo. En el Monte de las Cruces, las avanzadas conservadoras comenzaron el ataque en el que las tropas de Valle fueron cediendo terreno. Resuelto a resistir hasta el fin, el general se negó a rendirse; la caballería al mando de Márquez lo persiguió hasta alcanzarlo en las lomas de Santa Fe. Fue el mismo Lindoro Cajiga el responsable de capturarlo. Valle corrió la misma suerte que Ocampo.

Cajiga cayó en poder de los liberales en 1862 y de inmediato fue fusilado en Acambay, Estado de México. Nadie tuvo concesiones para él.

# 44

## JUAN JOSÉ BAZ 1820-1887

> Impulsivo, tozudo, delirante de acción; lírico del jacobismo, insolente y hasta obsceno cuando le ganaba la exaltación; gustaba de las exhibiciones de su valor, *de su valor*, siempre lleno de ardores y de penachos y se hacía llamar el *inmaculado*.
>
> ENRIQUE FERNÁNDEZ LEDESMA

Juan José Baz y Palafox provenía de una familia distinguida y aristócrata. Participó en la Guerra de los Pasteles y combatió contra la invasión estadounidense de 1847 en Churubusco, Molino del Rey y Chapultepec. Fue diputado constituyente y defensor de la República desde el exterior.

Célebre por haber ocupado cuatro veces la gubernatura del Distrito Federal, se hizo famoso también por su postura liberal, jacobina y anticlerical. Era tal su ímpetu contra los símbolos del conservadurismo que se convirtió en una amenaza contra la arquitectura religiosa del país.

Baz destruyó importantes obras edificadas durante los siglos del México virreinal, como los conventos de San Francisco, Santo Domingo, San Agustín, San Fernando, La Merced, La Concepción y Santa Isabel, y se quedó con ganas de convertir en polvo la catedral de la ciudad de México. Se dice que cuando pasaba frente a la majestuosa Catedral se imaginaba cuántas escuelas, edificios y centros de arte podrían construirse en aquel terreno y lo bien que se podría usar ese espacio para cosas de provecho.

Para derribar estas construcciones, concebidas en su mayoría como fortalezas, Baz utilizó un método que fue perfeccionando por insistencia: "Untar de brea grandes vigas para atorarlas entre piso y techo y posteriormente prenderles fuego para que el edificio se derribara". Si esto no funcionaba, siempre cabía la posibilidad de utilizar un buen cañón. Juan José Baz se convirtió así en el ejemplo más claro de "la piqueta de la Reforma" y en un villano de nuestra historia.

En 1867, luego de la caída del Imperio, el cadáver de Maximiliano fue trasladado a la ciudad de México y fue embalsamado por segunda vez en el templo de San Andrés. Para evitar que la iglesia se convirtiera en un bastión moral, en un símbolo para los imperialistas derrotados, en una sola noche, con sus propias manos y con la ayuda de una cuadrilla de trabajadores, Juan José Baz la demolió por completo para abrir la calle de Xicoténcatl.

## 45

## ALFONSO DUBOIS DE SALIGNY 1812-1888

> En el estado de anarquía o mejor dicho de descomposición social en que se encuentra este desgraciado país... me parece absolutamente necesario que tengamos en las costas de México una fuerza material bastante para atender... a la protección de nuestros intereses.
>
> DUBOIS DE SALIGNY

El 17 de julio de 1861, el gobierno del presidente Juárez decretó la suspensión del pago, por dos años, de todas las deudas públicas, incluyendo las contraídas con Inglaterra, España y Francia. El representante francés en México, Dubois de Saligny, solicitó la tarde de ese mismo día que el decreto fuera derogado, pero la administración juarista se negó a su petición. Francia y México rompieron relaciones el 25 de julio.

A principios de 1862, España, Inglaterra y Francia enviaron sus respectivas escuadras a México para exigir el pago de la deuda. Con el único fin de evitar el inicio de una guerra, el gobierno republicano firmó con los representantes de las tres naciones los Tratados de La Soledad y reconoció sus compromisos internacionales.

Inglaterra y España aceptaron los términos y con su firma reconocieron al gobierno republicano representado por Juárez. Sin embargo, Dubois de Saligny, quien había participado en las negociaciones, hizo todo lo posible por desconocerlas. Extranjero indeseable, soberbio y cínico, su proceder fue una farsa, ya que estaba enterado desde antes de que Napoleón III preparaba una invasión contra México. "Mi firma vale tanto como el papel en que está escrita", dijo Saligy al desconocer los Tratados de la Soledad. Ésa fue la señal para que las tropas francesas iniciaran las hostilidades.

Al principio, la organización política de la intervención francesa estuvo en manos de Dubois de Saligny, quien llegó incluso a proponer a Napoleón III un protectorado en México, pero pronto fue claro que sus informes eran falsos y contradictorios. Acusado de actos de corrupción y por su extremo apoyo a los conservadores fue retirado de México.

# 46

## CHARLES FERDINAND LATRILLE, CONDE DE LORENCEZ 1814-1892

> Somos tan superiores a los mexicanos en organización, disciplina, raza, moral y refinamiento de sensibilidades, que le ruego anunciarle a Su Majestad Imperial, Napoleón III, que a partir de este momento y al mando de nuestros 6 000 valientes soldados, ya soy dueño de México.
>
> CONDE DE LORENCEZ

Charles Ferdinand Latrille, conde de Lorencez, llegó a México en enero de 1862 con refuerzos para la expedición francesa en México. El 27 de abril asumió el cargo de todas las tropas y un día después derrotó al ejército mexicano en las Cumbres de Acultzingo.

El 5 de mayo de 1862 ordenó el asalto a los fuertes de Loreto y Guadalupe, a las afueras de Puebla. Llegó envuelto en laureles de victoria, con una experimentada y exitosa carrera militar, al mando del primer ejército del mundo, bien armado, bien pertrechado, bien uniformado, engreído y lleno de menosprecio hacia los mexicanos; no veía con buenos ojos ni siquiera a los conservadores, quienes tenían puestas sus esperanzas en el ejército francés.

Lorencez, soberbio como era, subestimó al enemigo y atacó precipitadamente la ciudad de Puebla con una artillería inadecuada y una peor estrategia. El Ejército de Oriente rechazó repetidas veces a los invasores, quienes sufrieron grandes pérdidas. Vencido y humillado, el conde tuvo que abandonar el campo y retirarse.

El peso de la culpa por la derrota de los franceses cayó sobre Lorencez, quien intentó justificarse diciendo que lo habían malinformado. "Se le había dicho, en efecto, que si entraba a Puebla sería recibido por la población con aclamaciones —escribió Dubois de Saligny, representante francés en México—, la más reaccionaria de todo el país, que le erigiría arcos de triunfo y cubriría con flores a nuestros soldados. Pero, al menos, era necesario para eso que él supiera entrar en la ciudad. En cuanto a Zaragoza, el general de Lorencez debía suponer, sin que se le hubiera advertido, que probablemente estaba ocupado en otra cosa que trenzar coronas de flores y erigir arcos de triunfo para recibirnos."

Como respuesta ante la desastrosa derrota en Puebla —cuando ni siquiera los propios republicanos lo esperaban—, Napoleón III envió al mariscal Federico Forey a sustituir de inmediato a Lorencez. El conde replicó que tenía derecho a recuperar su honor, pero la petición no le fue concedida: ya demasiado daño había causado a los planes intervencionistas con la inesperada derrota. Abatido y tragándose sus palabras de soberbia, Lorencez se marchó de México el 17 de diciembre de 1862.

# 47

## AQUILES BAZAINE 1811-1888

> Encargo a usted que haga saber a las tropas que están bajo sus órdenes, que no admito que se hagan prisioneros: todo individuo, cualquiera que sea, cogido con las armas en la mano, será fusilado. No habrá canje de prisioneros en lo sucesivo.
>
> AQUILES BAZAINE

Aquiles Bazaine fue enviado a México en 1863 por el emperador Napoleón III, junto con el mariscal Forey, para relevar del mando de las tropas francesas al conde de Lorencez luego de su humillante derrota en Puebla, el 5 de mayo de 1862. Los hombres al mando de Bazaine, más de 40 mil, iniciaron su marcha al interior del país en noviembre del mismo año.

Como jefe del cuerpo expedicionario, Bazaine llevaba órdenes de establecer un gobierno provisional una vez que las tropas francesas ocuparan la ciudad de México —lo cual ocurrió en junio de 1863— y de no devolver a la Iglesia, bajo ningún motivo, los bienes nacionalizados mediante las Leyes de Reforma.

Fue durante la Regencia cuando Bazaine comenzó a tener dificultades con los conservadores mexicanos; especialmente, con Pelagio Antonio Labastida y Dávalos, arzobispo de la ciudad de México. Decidido a respetar las Leyes de Reforma, Bazaine no regresó los bienes a la Iglesia a pesar de que el arzobispo insistió en que la decisión le correspondía al nuevo emperador. El clero cerró las puertas de los templos en señal de protesta, y Bazaine amenazó con abrirlas a cañonazos, pero prefirió ignorar al arzobispo y disolver el Tribunal de Justicia, institución que se negaba a hacer válidos los pagarés de los bienes de la iglesia emitidos por el gobierno de Juárez.

En vísperas de la llegada de Maximiliano a México, en mayo de 1864, la lucha entre las tropas juaristas y los invasores franceses parecía no tener fin. Pese a una serie de importantes victorias, Bazaine nunca pudo dispersar por completo a las fuerzas republicanas por más que permitió excesos, autorizó la violencia desmedida contra las guerrillas mexicanas y ordenó fusilamientos. "Es menester que sepan bien nuestros soldados —escribió— que no deben rendir las armas a semejantes adversarios. Esta es una guerra a muerte; una lucha sin cuartel que se empeña hoy entre la barbarie y la civilización; es menester, por ambas partes, matar o hacerse matar."

Instalado ya el Segundo Imperio, Maximiliano siempre fue desinformado y manipulado por Aquiles Bazaine. Bajo su influencia, el emperador expidió la ley del 3 de octubre de 1865, que condenaba a muerte, sin juicio, a todo aquel que fuera sorprendido con armas en mano o que prestara cualquier apoyo a los republicanos. Bajo esta ley murió fusilado el general José María Arteaga.

Bazaine se opuso siempre a la organización de un ejército imperial mexicano y, para deshacerse de rivales que pusieran en peligro su cargo, manipuló a Maximiliano para que enviara a Miramón a Berlín, a estudiar ciencia militar, y a Márquez a Constantinopla, como ministro plenipotenciario.

Pero la precaria situación económica del Segundo Imperio provocó dificultades entre Bazaine y el emperador, quien lo responsabilizó por los excesivos gastos de un ejército incapaz de sofocar la resistencia de los republicanos; a su vez, Bazaine culpaba a Maximiliano de no ser capaz de organizar la Hacienda pública y de gastar en la construcción de teatros y palacios.

Finalmente, en 1866, Napoleón III suspendió el apoyo económico al imperio mexicano y ordenó a Bazaine el retiro de las tropas francesas. El súbdito acató las órdenes: el embarque de tropas francesas se realizó del 13 de febrero al 12 de marzo de 1867. El mariscal Bazaine fue el último en abandonar el suelo mexicano.

## 48

## AQUILES CHARLES DUPIN

> Entre la emisión de bandidos enviados por la Francia, entre esa inmigración de bandoleros y asesinos, vino el coronel Dupin, ese miserable, cuya vida cargada de crímentes lo ha hecho célebre en México.
>
> JUAN A. MATEOS

Degradado del ejército francés por cometer "irregularidades", el coronel Aquiles Charles Dupin llegó a México al mando de la contraguerrilla organizada para operar contra los numerosos patriotas que formaron grupos de resistencia armada y pusieron en jaque a las tropas invasoras.

"El coronel Dupin era valiente —escribió Niceto de Zamacois— pero su corazón carecía de los sentimientos de humanidad con que se debe tratar a todos. Se hacía temer, pero no amar. La gente de que se formaba su contraguerrilla carecía de sentimientos generosos."

Con el pretexto de reprimir a los rebeldes, la contraguerrilla de Dupin, "un aventurero desacreditado que hizo de su nombre un sinónimo de sevicia donde quiera que operaba", adoptó un sistema de devastación que consistía en arrasar e incendiar los ranchos y las poblaciones donde pudiera haber guerrilleros.

Inicialmente Bazaine le ordenó operar en Veracruz, donde Dupin derrotó y dispersó a las guerrillas republicanas. Fue designado entonces comandante superior de Tamaulipas, donde pronto sembró el terror: "nadie llegará a creer con cuánta facilidad se enganchaba a un hombre de un árbol", escribió tiempo después el conde de Kératry, uno de los hombres de Dupin.

Pero ni con toda su crueldad logró el comandante someter a las guerrillas que operaban en el estado: cuanto más ejercía la violencia contra la población, más se incrementaba la resistencia republicana. Tales fueron sus excesos que, hacia julio de 1865, Maximiliano dispuso su salida del país. Pocos meses después, como protegido del mariscal Bazaine, regresó a México. El emperador quedó severamente contrariado al descubrir que los franceses no cumplían sus órdenes.

El jefe de la contraguerrilla abandonó el territorio nacional sólo cuando comenzó el retiro de las tropas francesas, en 1867. No se conoce exactamente el final de su historia pero, según el escritor liberal Juan A. Mateos, luego de aventurarse en las colonias francesas establecidas en África, Dupin acabó por suicidarse.

# 49

## JOSÉ MARÍA GUTIÉRREZ ESTRADA 1808-1867

> Una frente espaciosa y pura, indicio de una inteligencia superior; ojos azules y vivos en que brillan la penetración, la bondad y la dulzura; la expresión de su semblante es tal, que nunca se puede olvidar. El alma se refleja en su rostro; y lo que en [Maximiliano] se lee es lealtad, nobleza, energía, una exquisita distinción y una singular benevolencia.
>
> JOSÉ MARÍA GUTIÉRREZ ESTRADA

Las noticias de la ruptura de las relaciones diplomáticas con Francia, en julio de 1861, alentaron a José María Gutiérrez Estrada, residente entonces en París, a impulsar definitivamente el establecimiento de una monarquía en México.

Planteó la idea en una controvertida carta abierta al presidente de la República fechada en 1840. En el texto señalaba: "Que la Nación examinara si la forma monárquica, con un príncipe de estirpe real, no sería más acomodada a las tradiciones, a las necesidades y a los intereses de un pueblo que desde su fundación fue gobernado monárquicamente... Si no variamos de conducta, quizá no pasarán veinte años en que veamos tremolar la bandera de las estrellas norteamericanas en nuestro palacio nacional."

La carta significó su perdición: se convirtió en el traidor del momento. ¿Cómo osaba sugerir que la República no funcionaba en México? Perseguido y expatriado, instaló su residencia en París y, declarándose abiertamente monárquico, esperó pacientemente hasta que México contara con las condiciones para el cambio.

Desde los años de la guerra de Reforma (1858-1861), Gutiérrez Estrada se había hecho cargo de varias comisiones encargadas por los conservadores Zuloaga y Miramón para impulsar el proyecto monárquico en México. Con las tropas francesas en territorio mexicano, la Regencia lo nombró presidente de la Comisión que debía ofrecer la corona a Maximiliano en Miramar. El emperador lo dejó pasmado. Luego de su primer encuentro, Gutiérrez escribió dos cartas al archiduque en las que hablaba de "la salvación del moribundo país por el orgulloso príncipe".

El 10 de abril de 1864 le tocó presidir la delegación a Miramar. Lo recibió Maximiliano, quien aceptó la corona. José María Gutiérrez Estrada dio tres veces el grito de ¡Viva el emperador! ¡Viva la emperatriz! que fue repetido por la concurrencia.

Su férrea preferencia por la monarquía y su lealtad hacia Maximiliano lo condenaron al infierno cívico de la historia oficial. Murió sin saber de la caída del Imperio ni del fallecimiento del archiduque.

# 50

## JOSÉ MANUEL HIDALGO ESNAURRÍZAR 1826-1896

> Se podría enviar a Veracruz la escuadra francesa… y yo respondo a vuestra Majestad de que el país en masa se levantará y apoyará la bienhechora intervención.
>
> José Manuel Hidalgo Esnaurrízar

José Manuel Hidalgo residió en Europa desde 1848, cuando fue nombrado por el presidente Manuel de la Peña y Peña agregado de la legación mexicana en Londres. Posteriormente obtuvo el mismo cargo en Madrid, con la orden de ayudar a José María Gutiérrez Estrada en las gestiones que tuviera que realizar para establecer un régimen monárquico en México.

Hidalgo permaneció hasta 1857 en Madrid, donde trabó amistad con la condesa de Montijo, madre de la emperatriz Eugenia, esposa de Napoleón III. Ese mismo año fue nombrado secretario de la legación en París y pronto se convirtió en amigo personal de la emperatriz Eugenia, de quien sacó partido. Ya desde entonces comenzó a intrigar para que los franceses intervinieran en México y establecieran una monarquía: en las conversaciones con la emperatriz, Hidalgo le describía la triste situación en que encontraba la República para convencerla de que la presencia francesa en América salvaría la cultura latina de la amenaza estadounidense.

Se encontraba en Biarritz cuando recibió noticias de la ruptura de relaciones de Francia e Inglaterra con México y del envío de fuerzas a Veracruz, en 1861. Aprovechando su amistad con la emperatriz Eugenia, tuvo una entrevista con Napoleón III, a quien le aseguró que se trataba de una oportunidad idónea para que Francia "le tendiera la mano" a México. Fue entonces cuando surgió el nombre de Maximiliano como candidato para la corona. Hidalgo también formó parte de la Comisión que el 3 de octubre de 1863 viajó a Miramar para ofrecerle la corona al archiduque.

Durante el Segundo Imperio, José Manuel Hidalgo Esnaurrízar permaneció como embajador mexicano en París. En 1866, cuando Napoleón III anunció el retiro de las tropas francesas del país, Maximiliano reprochó al diplomático que no le hubiera informado acerca de los planes del monarca europeo y que privilegiara al gobierno francés por encima del Imperio. Su molestia llegó a tal punto que lo destituyó y puso en su lugar al general Almonte. Hidalgo abandonó el país y nunca más regresó. Murió en 1896, junto con sus sueños imperiales, en París.

# 51

## JUAN NEPOMUCENO ALMONTE 1803-1869

> ...la estimación de que goza [Almonte] en México, es la que merecen los tránsfugas y los traidores, y la que disfruta en las cortes extranjeras, ha de ser el profundo desprecio que inspiran los poco hombres bastante perversos y bastante desnaturalizados para vender la independencia de su patria.
>
> Francisco Zarco

Juan Nepomuceno Almonte, hijo natural de José María Morelos y Pavón y Brígida Almonte, inició su carrera militar acompañando a su padre en algunos combates durante la guerra de Independencia. Brigadier a los 12 años, participó en el sitio de Cuautla y hasta ahí llegó su papel en la contienda: en 1815 fue enviado a estudiar a Austin y sólo regresó a México una vez consumada la Independencia. Entonces se sumó al golpe de Estado encabezado por Vicente Guerrero en 1828, creyendo quizá que llevar la sangre del Siervo de la Nación era suficiente para saciar su sed de poder.

Aunque al principio fue un federalista de tendencia liberal, con el paso del tiempo cambió su orientación política: se afilió al Partido Conservador, se opuso a la ley de expropiaciones del clero y rechazó los Tratados de Guadalupe-Hidalgo firmados por el gobierno mexicano, con los cuales se consumó la pérdida de más de la mitad del territorio nacional frente a Estados Unidos.

Fue declarado traidor a la patria por el gobierno de Juárez tras la firma del Tratado Mon-Almonte. De más está decir que apoyó a los conservadores durante la guerra de Reforma. A pesar de la derrota de su partido, estaba seguro de que la única manera de restablecer la paz en México era la intervención europea. A ese fin dedicó sus esfuerzos.

En París formó parte de los conservadores mexicanos que promovieron el establecimiento de una monarquía en México, y participó en la Junta de Notables que dictaminó que era "voluntad del país" constituirse en monarquía moderada, hereditaria y con un príncipe católico que adquiriera el título de emperador de México.

Regresó a territorio nacional con la escuadra francesa. Al poco tiempo, el 1º de marzo de 1862, uno de sus partidarios publicó un plan político en Córdoba que proclamaba a Almonte Jefe Supremo de la Nación, autoridad que fue desconocida por el gobierno republicano. El presidente Juárez expidió un decreto el 12 de abril declarando traidores a los mexicanos que permanecieran en los lugares ocupados por los franceses, a lo que Almonte respondió: "no vengo atenido a las fuerzas del país, que de nada me servirán; por eso traigo bayonetas francesas".

Juan Nepomuceno Almonte fue miembro de la Regencia hasta mayo de 1864. Tras el arribo de Maximiliano al país fue nombrado mariscal del Imperio y caballero de la Orden del Águila Mexicana, pero nunca pasó de personaje de segunda fila durante este fallido periodo. En 1866 partió a París para solicitar a Napoleón III ayuda económica para la monarquía y la permanencia de las tropas francesas en México. Todas sus peticiones fueron denegadas. Frustrado y fracasado, murió en París en 1869. Ya era entonces uno de los personajes más incómodos de la historia de México: nunca se le perdonó que, siendo hijo de Morelos, haya sido promotor del Imperio.

## 52

## CARLOTA DE BÉLGICA, EMPERATRIZ DE MÉXICO 1840-1927

> Abdicar es condenarse, extenderse a sí mismo un certificado de incapacidad, y esto es sólo aceptable en ancianos o en imbéciles... Yo no conozco ninguna situación en la cual la abdicación no fuese otra cosa que una falta o cobardía...
>
> CARLOTA DE BÉLGICA

El 14 de abril 1864, Carlota y Maximiliano navegaban hacia tierras mexicanas a bordo de la *Novara*. Carlota había animado a su esposo para aceptar la corona que la convertiría en emperatriz. El frío recibimiento que le dio el pueblo mexicano en las costas de Veracruz le hizo verter las primeras de muchas lágrimas que derramaría a consecuencia del fatídico desenlace del Segundo Imperio.

Instalada la casa imperial en el Castillo de Chapultepec, Carlota asumió sus deberes con seriedad. Participó activamente en la política interna del Imperio, en el que fungía como regente; convocaba al gabinete durante las ausencias de Maximiliano; intentó convencer al nuncio apostólico, Pedro Francisco Meglia, de aceptar el concordato propuesto por su esposo para respetar la libertad de cultos, decretada en las Leyes de Reforma, y elaboró un proyecto de Constitución.

Al poco tiempo se percató de lo difícil que era equilibrar sus ideas liberales, sus ambiciones de emperatriz y los intereses de los conservadores. Aunque no lo reconoció jamás, se dio cuenta de que habían impuesto al pueblo mexicano un Imperio que todos repudiaban. Incluso tuvo desencuentros con las damas de la corte y las señoras que apoyaban la monarquía, quienes la criticaban por su vasta preparación intelectual y su amplia cultura.

Públicamente Carlota intentaba mostrarse como una emperatriz que amaba a su pueblo, pero en privado lo despreciaba. En una carta dirigida a Eugenia de Montijo, esposa de Napoleón III, escribió: "Creo que no nos faltan ni energía ni perseverancia, pero me pregunto si habrá alguna humana posibilidad de salir de las dificultades, si éstas siguen aumentando en esa forma [...] Durante los primeros seis meses, a todo el mundo le parecía encantador el nuevo gobierno, pero tocad alguna cosa, poned manos a la obra, y se os maldecirá. Es la nada que no quiere ser destronada. Vuestra majestad creería quizá, como yo, que la nada es una sustancia manejable, pero en este país al contrario, se tropieza uno con ella a cada paso y es granito, es más poderosa que el espíritu humano y solamente Dios podría doblegarla. Fue menos difícil erigir las pirámides de Egipto que vencer la nada mexicana."

En 1866, frente a la terrible situación económica en que se encontraba el Imperio, y con la noticia de la evacuación de las tropas francesas por órdenes de Napoleón III, Maximiliano le comunicó a Carlota su decisión de abdicar. La emperatriz lo convenció de que no debía hacerlo, incluso llegó a escribirle: "En tanto que haya aquí un emperador, habrá un Imperio, incluso aunque sólo le pertenezcan seis pies de tierra."

Carlota no estaba dispuesta a abandonar su trono de emperatriz de México para volver humillada a Europa, convertirse en archiduquesa en Austria y refundirse en el castillo de Miramar. Le ofreció entonces a su esposo viajar al viejo continente para convencer al emperador de Francia de no faltar a sus compromisos. Paradójicamente, por entonces ella era una de las mujeres más ricas del mundo:

con su fortuna podría haber sostenido el Imperio un par de años más; sin embargo, nunca ofreció sus bienes para salvar el gobierno de su marido.

Carlota exigió a Napoleón III que cumpliera con lo prometido en el Tratado de Miramar, sin éxito alguno; entonces se trasladó al Vaticano para conseguir el apoyo papal, con idéntico resultado. En ese momento comenzaron sus delirios de persecución, los cuales se agravaron al enterarse de que Maximiliano había muerto fusilado en junio de 1867. Sobrevivió al convulsionado siglo XIX y, después de 60 años de locura, falleció creyéndose aún emperatriz de México.

# 53

## MAXIMILIANO DE HABSBURGO 1832-1867

> Ligero hasta la frivolidad, versátil hasta el capricho, incapaz de encadenamiento en las ideas como en conducta, a la vez irresoluto y obstinado, pronto a las aficiones pasajeras, sin apegarse a nada ni a nadie, enamorado sobre todo del cambio y del aparato, con grande horror a toda clase de molestias, inclinado a refugiarse en las pequeñeces para sustraerse a las obligaciones serias, comprometiendo su palabra y faltando a ella en igual inconsistencia…
>
> MASSERAS, UN ESSAI D'EMPIRE OU MEXIQUE

Desairado en Austria por no ser primogénito y, por tanto, heredero directo al trono; mal visto por su familia debido a su desmedida ambición; perseguido por varios acreedores que exigían el pago de sus deudas; alentado por las pretensiones de Carlota y ciego ante la adulación de los monarquistas mexicanos, Maximiliano aceptó la corona del Segundo Imperio.

Antes de haber siquiera pisado tierra mexicana comenzó a actuar como soberano y a dictar órdenes a la Regencia que se estableció antes de su llegada. Hombre dubitativo, falto de carácter, caprichoso y veleidoso, el 10 de abril de 1864, al aceptar la corona en Miramar, expresó: "Yo, Maximiliano, emperador de México, juro a Dios por los Santos Evangelios, procurar por todos los medios que estén a mi alcance, el bienestar y prosperidad de la nación, defender su independencia y conservar la integridad de su territorio."

El 12 de junio de 1864 entró a la ciudad de México para tomar posesión de su gobierno; a escasos seis meses, el supuesto trono ya era un caos: Maximiliano "tuvo la singularidad de no satisfacer a ningún partido"; poco hizo para organizar su gobierno y, en cambio emprendía viajes al interior constantemente con el supuesto fin de examinar la situación del país, o bien salía a cazar mariposas dejando a Carlota al frente del gobierno; despilfarró las escasas rentas que ingresaban al erario, asignando la cantidad de un millón setecientos mil pesos a su caja particular; acentuó su política contra los conservadores, a quienes llamaba "cangrejos" o "pelucas viejas", y tuvo serios problemas con el clero por ratificar las Leyes de Reforma y decretar la libertad de cultos.

Incapacitado para pacificar al país por medios militares, Maximiliano atentó contra los derechos del pueblo mexicano y decretó la Ley del 3 de Octubre de 1865, en la que ordenaba la ejecución de todas las personas en posesión de armas o que auxiliasen de cualquier manera a la causa republicana. "Cesa ya la indulgencia —señalaba la ley— que sólo aprovecharía al despotismo de las bandas. El gobierno fuerte en su poder, será desde hoy inflexible para el castigo, puesto que así lo demandan los fueros de la civilización, los derechos de la humanidad y las exigencias de la moral".

El Imperio sólo pudo sostenerse con el apoyo de las bayonetas francesas; cuando Maximiliano se vio abandonado por Napoleón III, decidió sucumbir junto con su ilusorio sueño. En febrero de 1867 se puso al frente de sus tropas y llegó a Querétaro para organizar su defensa. Cercado por los republicanos decidió entregar la plaza, pretendiendo inútilmente que se le guardaran consideraciones de soberano.

Después de sesenta y dos días, el emperador y sus generales fueron hechos prisioneros. Maximiliano fue juzgado conforme a la Ley, condenado a pena de muerte por atentar contra la independencia nacional, y fusilado en el Cerro de las Campanas el 19 de junio de 1867.

# 54

## SANTIAGO VIDAURRI 1808-1867

> ...Este señor gobernador que es aficionadísimo a llevarse de chismes ha estado creyendo que lo veníamos a atacar y, en consecuencia, había tomado sus medidas de defensa, yéndose a la Ciudadela a apoderarse de la artillería y esparciendo la voz de que no había de recibir al gobierno. Como todo no pasa de borrego y de fanfarronada, yo no me he dado por entendido y he seguido mi marcha... Veremos ahora con qué otro pito sale este señor.
>
> BENITO JUÁREZ

Santiago Vidaurri, militar y político, perseguidor y represor de los grupos indígenas del norte, promotor del proyecto separatista llamado República de la Sierra Madre y cacique norteño, no sólo unió los estados de Coahuila y Nuevo León sin consentimiento de la Federación, sino que abandonó al presidente Juárez a su suerte en plena intervención francesa, le negó apoyo a la República y se adhirió al Imperio de Maximiliano.

En 1864, con el avance de las tropas francesas por todo el país, Juárez fue obligado a replegarse hacia el norte. A consecuencia de la difícil situación económica que atravesaba el gobierno, solicitó a Santiago Vidaurri que apoyara a la Federación con el dinero que el Estado obtenía de la aduana. Vidaurri se negó a ayudarlo, argumentando que los recursos le eran necesarios y urgentes, y que entregarlos a la Federación "traería la ruina del Estado".

El presidente Juárez llegó entonces a Saltillo, desde donde avisó a Vidaurri que se trasladaría a Monterrey. El gobernador le envió una carta personal y le pidió que "hiciera su viaje con lentitud, para que le diera tiempo de prepararle una gran recepción", pero Juárez desconfiaba abiertamente de él y entró cautelosamente a la ciudad escoltado por las tropas del general Manuel Doblado. Una vez instalado en el palacio de gobierno mandó llamar a Vidaurri, quien se rehusó a visitarlo mientras estuvieran en Monterrey las fuerzas de Doblado y, además, amenazó con atacarlo si no se retiraban.

Por prudencia, Juárez ordenó que sus tropas salieran de la ciudad; el gobernador neoleonés le envió de inmediato un recado "suplicándole lo recibiera para ofrecerle sus respetos y ver la manera de resolver definitivamente sus diferencias". Después se trasladó al palacio de gobierno acompañado por un grupo de vecinos que lo vitoreaban.

La entrevista duró sólo unos minutos. Ante las absurdas pretensiones de Vidaurri —quien quería mantenerse al margen de la guerra contra los franceses y mantener su cacicazgo en el norte—, Juárez regresó a Saltillo. Tan pronto se fue, un hijo del gobernador encabezó fuera del palacio de gobierno un motín contra Juárez que fue celebrado con regocijo por el mandatario neoleonés, quien aprovechó para insultar al gobierno republicano y ordenó a quienes estaban bajo su mando "que no obedeciesen al gobierno de Juárez, se aprehendiese a sus agentes y se desconociese esa autoridad."

Desde Saltillo, Juárez dio órdenes para reducir al orden a Vidaurri; decretó la separación de Nuevo León y Coahuila y los declaró en estado de sitio; finalmente, mandó llamar fuerzas y las envió a Monterrey. El gobernador no pudo hacer frente a las tropas republicanas, por lo que abandonó el estado, se refugió en Texas, y sólo regresó a Nuevo León una vez que Monterrey fue ocupada por los franceses. Entonces decidió sumarse al Imperio y puso su espada al servicio de Maximiliano.

Tras el triunfo de la República, Porfirio Díaz dio un plazo para que se entregaran y fueran juzgados quienes habían servido al Imperio, o serían pasados por las armas. Santiago Vidaurri permaneció escondido en la ciudad de México, donde fue aprehendido. Lo fusilaron por la espalda el 8 de julio de 1867 en la plaza de Santo Domingo, mientras una banda de música tocaba "Los cangrejos", una canción que satirizaba a los imperialistas derrotados.

## 55

## RAMÓN MÉNDEZ, JULIÁN SOLANO Y PEDRO TAPIA

> Acabamos de saber, con horror y consternación, el acto cometido por el coronel Méndez que, con violación del derecho de gentes, ha hecho fusilar a varios oficiales del ejército liberal, sus prisioneros.
>
> OFICIALES BELGAS AL EMPERADOR MAXIMILIANO

El 3 de octubre de 1865, Maximiliano decretó una ley que condenaba a muerte de todo aquel que fuera sorprendido con armas en mano o prestara cualquier forma de apoyo a los republicanos. El decreto se convertiría en destino para los generales José María Arteaga y Carlos Salazar, quienes entraron a Tacámbaro para hacer frente a las fuerzas imperialistas comandadas por el coronel Ramón Méndez.

Cuando recibieron informes de que las tropas monárquicas se aproximaban, los republicanos levantaron el campamento y se trasladaron hacia Santa Ana Amatlán. El general Arteaga ordenó a los oficiales Julián Solano y Pedro Tapia que reunieran treinta hombres cada uno; pidió a Solano vigilar los movimientos del ejército imperial de Méndez, y a Tapia la custodia del acceso al pueblo.

Solano informó que Méndez no se había movido de su posición, por lo que Arteaga y Salazar permitieron a sus hombres descansar. Cerca de las 11 de la mañana, las tropas imperiales incursionaron violentamente en el pueblo y apresaron a Arteaga y Salazar. Solano y Tapia, los dos oficiales en quienes se había depositado la seguridad del ejército republicano, traicionaron a Arteaga a cambio de tres mil pesos.

Los prisioneros fueron trasladados a Uruapan. Ramón Méndez no se tentó el corazón y, con base en la Ley del 3 de Octubre, pasó por las armas, sin juicio previo, a sus prisioneros de guerra: José María Arteaga, Carlos Salazar, Trinidad Villagómez, Jesús Díaz y Juan González, a quienes la historia recuerda como "los mártires de Uruapan".

Las tropas belgas que servían al Imperio protestaron por semejante crimen: "... el acto del coronel Méndez podría provocar una sangrienta represalia y nosotros, belgas, que hemos venido a México únicamente por servir de escolta a nuestra princesa, hubiéramos expiado con nuestra sangre el delito de un hombre. Esperamos, señor, que este acto de barbarie no quedará impune [...] Nosotros protestamos, con el más intenso fervor contra ese acto indigno".

De Solano y Tapia no volvió a saberse; en cambio, el coronel Méndez, tras alcanzar el grado de general, cayó prisionero de los republicanos en Querétaro, junto con Maximiliano, Miramón y Mejía, y fue pasado por las armas el 18 de mayo de 1867. Murió convencido de que "no era un traidor".

# 56

## MIGUEL LÓPEZ 1825-1891

> Mi querido coronel López: Os recomendamos guardar profundo sigilo sobre la comisión que para el general Escobedo os encargamos, pues si se divulga quedará mancillado nuestro honor. Vuestro afectísimo.
>
> MAXIMILIANO

El coronel Miguel López era miembro del regimiento de la emperatriz y se había ganado el afecto y la confianza de Maximiliano. Durante el sitio de Querétaro tenía a su cargo las fuerzas que resguardaban el Convento de la Cruz, donde se encontraba el cuartel general del emperador. Pero fue su polémica actuación durante los últimos días del sitio lo que lo convirtió en un villano más de nuestra historia.

Ante la inminente derrota del Imperio, Maximiliano envió secretamente a López con Mariano Escobedo, general en jefe del Ejército Republicano, para que negociara la entrega de la plaza a cambio de que se respetara la vida del emperador, quien a su vez prometía embarcarse a Europa desde Veracruz y no volver jamás a México.

Según la historia oficial, Escobedo rechazó la petición de Maximiliano y tomó Querétaro por sus propios medios. El emperador, refugiado en el Cerro de Las Campanas y sabiéndose perdido, entregó su espada en señal de rendición y fue enviado al ex Convento de Capuchinas. Unas horas antes, durante la madrugada del 15 de mayo de 1867, el coronel Miguel López fue visto entre las fuerzas republicanas que ingresaron al Convento de la Cruz.

De acuerdo con la versión de los imperialistas, López actuó por cuenta propia y traicionó al emperador; según los republicanos, el propio Maximiliano envió a López a notificar a Escobedo que se entregaría prisionero al filo de las tres de la mañana en el Convento de la Cruz, pero el coronel sólo vio por su seguridad. Lo cierto es que, tras la caída de Querétaro, López recibió un pasaporte firmado por los republicanos para salir sin problemas de la ciudad, donde ya se encontraban prisioneros casi todos sus compañeros de armas.

# 57

## MIGUEL MIRAMÓN 1831-1867

> Abandonado de sus amigos conservadores, odiado por Juárez que le había cerrado las puertas de su patria, y mal visto por los franceses... sólo Dios lo podía sacar de tan peligrosa y difícil situación.
>
> CONCEPCIÓN LOMBARDO DE MIRAMÓN

Miguel Miramón, con mucho la mejor espada del Partido Conservador y enemigo jurado de la Constitución de 1857, desconoció el gobierno de Benito Juárez y combatió ferozmente, infligiéndoles a las fuerzas liberales severas derrotas durante la guerra de Reforma. Las fracturas dentro de su partido lo convirtieron en presidente de la República cuando apenas tenía 27 años.

Ante la necesidad de recursos para hacer frente a la guerra de Reforma, Miramón contrajo un préstamo con la casa suiza Jecker consistente en setecientos cincuenta mil pesos a cambio de bonos del Estado mexicano con un valor de quince millones de pesos; además, extrajo seiscientos mil pesos de la legación que pertenecían a ciudadanos ingleses, lo que motivó el descrédito del país y contribuyó a que, más adelante, Inglaterra y Francia exigieran el pago de los adeudos a punta de pistola.

Los recursos de cualquier forma resultaron insuficientes para acabar con los liberales en la guerra de Reforma. La derrota conservadora se consumó en diciembre de 1860; Miramón se vio obligado a dejar la presidencia y partió a Europa, donde ya se fraguaba la instauración del Segundo Imperio en México. Tres años más tarde, en 1863, ofreció sus servicios a la Regencia y, posteriormente, a Maximiliano.

Ciertas rencillas con otros imperialistas mexicanos, así como el desprecio con que lo veían los franceses, e incluso el propio Maximiliano, determinaron su salida del país a finales de 1864, en un exilio disfrazado: fue enviado a Berlín por el emperador para que estudiara tácticas militares.

Volvió a México dos años después, cuando los franceses anunciaron su retirada y Maximiliano decidió depositar su confianza en los generales conservadores que antes había despreciado. Miramón se unió a la defensa de Querétaro, que tras sesenta y dos días de sitio cayó en poder de la República; fue sometido a juicio y condenado a muerte.

El fiscal lo acusó "de constante rebelión contra el gobierno constitucional de la República"; de haberse "abrogado el mando supremo de la nación"; de haber colaborado con la intervención francesa; de haber reconocido la usurpación de Maximiliano y de haberlo servido. En suma, de traición a la patria.

El 19 de junio de 1867, en el Cerro de las Campanas, frente al pelotón de fusilamiento, Maximiliano cedió a Miramón el sitio de honor en el paredón, como gesto de reconocimiento a su lealtad. El general mexicano ocupó desde entonces un lugar en el infierno cívico de la historia oficial.

# 58

## TOMÁS MEJÍA 1820-1867

> ...quiso [Maximiliano] todavía rodearse de alguno de los hombres más culpables en la guerra civil. Entre esos que han querido sostenerlo hasta el último instante, pretendiendo consumar todas las consecuencias de la traición a la patria, figura... don Tomás Mejía.
>
> GENERAL IGNACIO MEJÍA

Buen militar y diestro en la caballería, fue el compañero de patíbulo de Maximiliano y Miramón por haber defendido al Partido Conservador durante la guerra de Reforma, por desconocer el gobierno de Juárez y por haber servido al imperio de Maximiliano como instrumento de guerra.

El general Tomás Mejía ocupaba la prefectura de Jalpan cuando estalló la revolución de Ayutla, en 1854. Conservador, católico recalcitrante y justiciero del pueblo, tomó por primera vez la plaza de Querétaro en 1856: "Queretanos

—expresó—, el jefe de la tropa os dirige la voz para deciros que ningún fin torcido, ninguna intención dañada, ni mucho menos una negra venganza, lo han dirigido en el movimiento que la Providencia acaba de consumar. El noble enojo que debe entusiasmar a todo hombre honrado al ver a su religión Santa conculcada, perseguidos sus ministros y destruidos sus templos".

Mejía contaba con el apoyo del clero y la aristocracia queretana; este poder le bastó para permitir que sus tropas saquearan y destruyeran la ciudad antes que someterse a los liberales. "La conducta observada últimamente por el clero de esta ciudad —escribió José María Arteaga—, corrobora lo que ya se ha dicho... que las incursiones vandálicas del faccioso Mejía sobre esta capital, han sido provocadas por el mismo clero o sus representantes, siendo aquél y éstos los responsables de los desastres ocasionados en esta ciudad."

Mejía era reconocido por los conservadores y temido por los liberales, su conocimiento de la Sierra Gorda lo hacía casi invencible. Su tendencia monárquica lo llevó a adherirse al Imperio, bajo cuya ala volvió a hostilizar a la capital queretana a finales de 1863. Cuando sobrevino la derrota acompañó a Maximiliano a Querétaro, donde ambos cayeron prisioneros el 15 de mayo de 1867. Fue procesado en el Teatro de la República, encontrado culpable y condenado a muerte.

El 19 de junio de 1867, frente al pelotón, Tomás Mejía, "el amo de la Sierra Gorda", se comportó con toda dignidad: sólo musitó las palabras "virgen santísima". La viuda solicitó autorización para llevar el cadáver a México, pero no contaba con los recursos necesarios, así que sentó a su difunto esposo embalsamado en la sala de su casa durante algunos meses, hasta que un alma anónima se apiadó de la viuda y pagó una tumba en el panteón de San Fernando.

# 59

## FÉLIX DÍAZ MORI 1833-1872

> Ha costado alguna sangre que es inevitable en la guerra, pero se ha destruido el centro del vandalismo donde no se ha conocido más ley que la del fuerte y se ha asegurado la paz por muchos años.
>
> FÉLIX DÍAZ MORI

A diferencia de su hermano Porfirio, Félix Díaz Mori tenía un carácter explosivo: era arrebatado, temerario e irreflexivo. Quizá debido a su formación militar inicialmente se acercó a los conservadores, pero con el tiempo se sumó a las filas de su hermano y combatió a su lado contra la intervención y el Imperio.

Luego del triunfo de la República, en diciembre de 1867, fue electo gobernador de Oaxaca. Durante su gestión condecoró e indemnizó a quienes habían participado en la lucha contra la intervención y el Imperio, inauguró una línea telegráfica entre Tehuacán y Oaxaca, fundó un

Montepío, inició los trabajos de construcción de un camino entre Oaxaca y Tehuantepec y estableció juzgados de la primera instancia en todos los distritos del estado. Pero también es cierto que fue un gobernador violento, autoritario y caprichoso.

Díaz gobernó como liberal radical y jacobino, limitó los actos de culto religioso y ridiculizó a todos los miembros del clero. En uno de sus muchos excesos autorizó la destrucción de catorce retablos del templo de Santo Domingo, en la capital oaxaqueña, y esto a su vez propició el saqueo y la destrucción de un sinnúmero de obras de arte. Su falta de respeto a la fe católica le valió, además, el repudio popular.

En 1870, un año antes de concluir su gobierno, los juchitecos atacaron un contingente oficial para protestar por los abusos cometidos en el Istmo por el ejército. El gobernador marchó personalmente hasta Juchitán. Después de tres días de combates, las fuerzas del Estado ocuparon el pueblo, al que Félix Díaz ordenó prender fuego. Los sublevados que salieron pavoridos de sus casas fueron exterminados.

Por si esto fuera poco, Díaz entró al templo del pueblo montado en su caballo, lazó a su santo patrono, San Vicente Ferrer y, ante la mirada atónita de los juchitecos, lo arrastró por las calles. Abandonó el pueblo con estas palabras: "...considerando que multitud de familias inofensivas han quedado en la orfandad, vagando por los campos, sin esperanza de ninguna especie, y el pueblo privado de gran parte de sus brazos para atender a su engrandecimiento y felicidad, [el gobierno de Oaxaca] no puede menos que dirigirles la palabra, en cumplimiento de los deberes que tiene de conservar la sociedad, y ofrecerles el indulto y olvido de sus pasajeros descarríos, a condición de que se presenten ante este gobierno, haciendo entrega de las armas que existan en su poder".

Tan pronto el presidente Juárez se enteró de los hechos, ordenó a Félix Díaz que devolviera a los juchitecos su santo patrono. El mandatario local obedeció, pero como el santo no cabía en la caja donde había de enviarlo, decidió cortarle los pies, los brazos y la cabeza, la cual quedó en poder de su suegro. Los habitantes del pueblo no perdonaron la ofensa.

Durante la rebelión de la Noria contra Benito Juárez, Félix Díaz fue tomado prisionero en el Cerro del Perico, el 21 de enero de 1872. Cayó en manos de juchitecos, quienes lo atormentaron durante dos días y el 23 de enero lo mataron utilizando los mismos métodos que él empleó contra San Vicente Ferrer. Su cuerpo quedó irreconocible.

# 60

## FRANCISCO GUERRERO ¿?-1910

Guerrero no es un criminal vulgar, no es uno de esos hombres que se amedrentan ante el fantasma de su crimen, ni es de aquellos pusilánimes de quienes se dice que después de cometer un delito no tienen momento de reposo... Guerrero es un hombre que mata, que se ensaña con aquellos que elige para aniquilarlos, y que en la perversidad de su aberración moral, goza y se deleita con los estertores de la agonía de aquéllos a quienes da muerte.

*El Imparcial*, 19 de junio de 1908

Francisco Guerrero, conocido como El Chalequero, fue calificado por el periódico *El Imparcial* como "el más terrible de los criminales que han existido en México desde medio siglo a la fecha, y único asesino en serie de la etapa porfiriana". Fue llamado "el Jack destripador mexicano" casi al tiempo en que los crímenes del británico ponían en jaque a Londres.

Durante los últimos años del siglo XIX, en Peralvillo, en las márgenes del río Consulado, aparecieron los cadáveres de más de diez prostitutas que habían sido apuñaladas y degolladas. Varios testigos vieron a esas mujeres con El Chalequero, pero nadie se atrevió a denunciarlo.

Los crímenes continuaron durante cuatro años, hasta que finalmente una de sus víctimas, Eulalia González, sobrevivió al ataque y denunció al agresor. Francisco Guerrero fue procesado y condenado a muerte en 1888, pero su sentencia fue conmutada por 20 años de prisión en la cárcel de San Juan de Ulúa.

Veinte años después, en 1908, apareció una anciana apuñalada y degollada. Un reportero de *El Imparcial* asoció este asesinato con los ocurridos veinte años atrás. La policía se dio a la tarea de investigar el paradero de Francisco Guerrero y descubrió que había salido de prisión en 1906. Se emprendió entonces una serie de pesquisas que condujeron al criminal, quien confesó: "Sí, yo la maté [...] No sé, señor [...] no me explico lo que pasa en mí; pero es que toda mujer me inspira un terrible deseo de delinquir."

El Chalequero fue sentenciado a muerte en septiembre de 1908, pero ésta le llegó antes: falleció en Lecumberri a escasos cuatro meses de su ejecución, programada para 1910.

# 61

## SANTANA RODRÍGUEZ PALAFOX ¿?-1910

> ...se ve la gran alarma que existe por todas la haciendas, rancherías y pueblitos del rumbo, debido a las últimas correrías y asesinatos de Santanón, que bien merece que se le persiga hasta cogerlo vivo o muerto.
>
> *El Imparcial*, 4 DE JUNIO DE 1910.

Santana Rodríguez Palafox, conocido como Santanón o el Tigre de Acayucan, nació en San Juan Evangelista, hoy Villa Santana Rodríguez, en Veracruz. Su fama comenzó en 1908, cuando se convirtió en un bandido que desafiaba la autoridad y el orden establecidos.

Una de sus fechorías más sonadas ocurrió en mayo de 1910, cuando Santanón y sus hombres entraron a la hacienda del señor Roberto Voigt, lo ataron de pies y manos, lo martirizaron dándole "piquetes" en distintas partes del cuerpo para que dijera donde tenía el dinero, cogieron lo que deseaban y le dieron tres tiros en la cabeza en presencia de su esposa.

Como muchos de los bandidos de la época del Porfiriato, sus pasos criminales eran seguidos de cerca por la prensa de la ciudad de México. "Santanón no es un hombre que robe por necesidad —señalaba una nota de *El Imparcial* del 23 de junio de 1910—; lo hace por distinguirse de la vulgaridad de sus coterráneos. Muy al contrario de lo que se supone, Santanón es rico. Seguramente sus delitos no son para sustentar sus riquezas, lo robado es bastante poco para su banda, que se compone de más de ochenta hombres".

Pero hubo quienes lo veían con buenos ojos: para ellos era un bandido social con tintes revolucionarios que combatía las injusticias de militares y hacendados. Esto le permitió sumarse a las milicias magonistas al mando de Hilario C. Salas y Cándido Donato Padua, ambos combatientes de la rebelión de Acayucan acaecida en 1906. Por entonces, el Partido Liberal Mexicano lo convirtió en comandante y lo nombró delegado especial de la Junta Organizadora.

Sus aventuras rápidamente se convirtieron en leyenda. Mucho tuvo que ver el hecho de que el poeta veracruzano, Salvador Díaz Mirón, ofreció su ayuda para capturarlo: la persecución de poeta contra bandido fue seguida por la prensa con gran expectación. Santanón casi parecía un personaje de ficción.

Perseguido por soldados rurales y federales, murió en octubre de 1910 en Acayucan. La noticia fue primera plana en la prensa mexicana.

## 62

### JESÚS NEGRETE (EL TIGRE DE SANTA JULIA) 1873-1910

¡El maldito mole tuvo la culpa! Si no lo hubiera comido, jamás me habría dado el corre que te alcanza y me le hubiera pelado a Pancho Chávez, como tantas veces lo hice...

El Tigre de Santa Julia

En 1906, Santa Julia era uno de los barrios bravos de la ciudad de México. Ahí vio la luz José de Jesús Negrete Medina, el Tigre de Santa Julia, astuto bandido mezcla de rebelde político y bandolero que puso en jaque al porfiriato.

Era un sanguinario hampón para las autoridades y la prensa que seguía sus fechorías, pero en las colonias populares era una especie de vengador de las injusticias de don Porfirio. Gustaba de lucir joyas y presumir los caballos obtenidos en sus robos. Hábil en el manejo de las armas de fuego, el cuchillo —que blandía con el sarape enrollado en el antebrazo— y la ganzúa, eran también legendarias sus aventuras amorosas.

Fue aprehendido por primera vez en diciembre de 1905 y encarcelado en la cárcel de Belén, de donde escapó sobornando a los custodios. Pero cometió dos errores: el primero, asaltar a dos aristócratas porfirianos a quienes dejó en paños menores en las afueras del café La Concordia, lejos de sus territorios habituales; el segundo, herir de muerte a un agente que le ordenaba entregarse. Félix Díaz, jefe de policía y sobrino de don Porfirio, giró la orden de captura en su contra.

El único elemento de investigación era la inclinación del criminal por las mujeres; su favorita de entonces era una tal Ubelia Cisneros, quien incluso le dio un hijo. El plan de las autoridades policiales, encabezadas por el detective Francisco Chávez, era ganarse la confianza de Ubelia y pagarle 500 pesos a cambio de información. La mujer aceptó el soborno y confesó que José de Jesús la había abandonado por Guadalupe Guerrero, quien vivía en la calle de Nopalito, en el barrio de Puerto Pinto, allá por Tacubaya, camino al panteón de Dolores.

Chávez disfrazó de jornalero a un agente y lo envió a cortejar a Guadalupe, quien aceptó dinero para provocar los celos del Tigre a sabiendas de que él no permitía que nadie se acercara a una mujer que hubiera sido suya. El Tigre, sospechando que otro hombre la rondaba, se dejó ver más a menudo por el barrio. Guadalupe lo invitó a comer. En cuanto el criminal entró a la casa, Chávez y sus agentes la rodearon; pero cuando el detective ingresó al comedor José de Jesús había desaparecido. Dos agentes que se hallaban en el fondo del patio lo descubrieron oculto tras un nopal, de cuclillas, con los pantalones abajo y con las armas a un lado. La comida —mole y un curado de apio— le provocó una diarrea galopante.

Ingresó a la cárcel de Belén, el 28 de mayo de 1906, y dos años después, el 1º de junio de 1908, fue condenado a cinco penas de muerte. "¡Y luego... cinco penas de muerte! ¡Ni que fuera gato! ¿Pues con qué pago?", señaló el Tigre. Su abogado defensor apeló la sentencia, solicitó un amparo, y como último recurso el indulto presidencial, que le negaron. El 20 de diciembre de 1910, el alcalde de la cárcel de Belén le comunicó la confirmación del veredicto. La única petición que hizo el oriundo de Santa Julia fue que le consiguieran traje y corbata color negro, y una camisa limpia.

Puesto en capilla, pidió lápiz y papel para escribir unos versos: "Fui un hombre de gusto no puedo negarlo. /

Y solito di rienda suelta a todas mis pasiones. / Este mundo ingrato que me ha desechado, / me hizo juguete de sus ilusiones. / Sólo le encargo a todos mis amigos, / que no hagan recuerdos de lo que antes fui, / porque el desengaño de este triste mundo / me vino a decir que todos los tiempos llegan siempre a su fin".

No obstante el tiempo transcurrido, cada vez que alguien es sorprendido en situación embarazosa, se deja escuchar la famosa frase: "A ése lo agarraron como al Tigre de Santa Julia".

# 63

## PORFIRIO DÍAZ 1830-1915

> Creo que cuando prevalece el descontento contra el gobierno, va adquiriendo poco a poco una fuerza tan irresistible que no hay obstáculo capaz de detenerlo.
>
> Porfirio Díaz, 1891

El 10 de enero de 1876, Porfirio Díaz proclamó el plan de Tuxtepec en defensa del principio de la no reelección y desconoció el gobierno del presidente Sebastián Lerdo de Tejada. Esto lo llevó al poder que, paradójicamente, ocuparía 30 años.

Díaz logró la anhelada paz en el país, concilió rencillas partidistas, se congració con el clero y dio fin a la continua inestabilidad política que azotaba la República desde hacía décadas. México se modernizó: comenzó el crecimiento económico, se favoreció la inversión extranjera, se reactivaron la minería y la industria, abrieron los bancos y las compañías de seguros, mientras las casas comerciales exhibían artículos importados de Europa. En la ciudad circulaban tranvías eléctricos que desplazaron a los de mulas y posteriormente dieron paso a los automóviles. Además, se construyeron miles de kilómetros de vías de ferrocarril. Orden, paz y progreso.

Al mismo tiempo nacieron colonias nuevas y elegantes de estilo afrancesado. En las calles principales de la ciudad de México se introdujo el alumbrado público; se colocaron adoquines, alcantarillas, drenaje y servicio telefónico. El Paseo de la Reforma contaba con cafés y restaurantes donde se reunían las familias ricas, y resurgieron los apellidos de abolengo. Pero el *glamour* de la rancia oligarquía porfirista ocultaba la miseria y la desgracia de una gran mayoría.

Habían aumentado los latifundios, pero a costa de las tierras de los pueblos. Se favoreció la llegada e inversión de capital extranjero, pero se pagaban salarios paupérrimos en condiciones de trabajo inhumanas. Se habían acallado los levantamientos contra el gobierno porque Porfirio Díaz reprimía, perseguía, desterraba, encarcelaba y censuraba. Su gobierno alentó la represión de Cananea y Río Blanco; envió a prisión a decenas de periodistas que criticaron al régimen y permitió la existencia de Valle Nacional, donde las condiciones de vida eran prácticamente de esclavitud.

Díaz domesticó y sometió a los poderes de la federación. Su voluntad personal estaba por encima de la Ley. La población, abatida por la pobreza y la represión, llevaba una vida rutinaria que apenas fue empañada por los levantamientos de 1906 a cargo del Partido Liberal Mexicano, apagados fácilmente por el ejército porfirista.

En 1908 el dictador dio una entrevista al periodista James Creelman y afirmó que México estaba preparado para la democracia, que al terminar su periodo de gobierno se retiraría a la vida privada y que vería con buenos ojos la aparición partidos de oposición para las elecciones de 1910. Ante sus sorprendentes declaraciones, la reacción no se hizo esperar.

Así, a finales de 1908 apareció el libro *La sucesión presidencial en 1910* de Francisco I. Madero, quien invitaba a los ciudadanos a recuperar sus derechos por medio del voto. La cruzada democrática que emprendió pronto se hizo popular y Porfirio Díaz prefirió aprehenderlo que ceder el poder. Nadie pudo detener su séptima reelección. En respuesta, Madero proclamó el plan de San Luis, declaró nulas las elecciones y animó al pueblo a tomar las armas.

Díaz, héroe en la lucha contra la intervención y el Imperio, condujo a México a una revolución que acabó con su propia obra. Dimitió el 25 de mayo de 1911 y asentó en su renuncia: "Espero que calmadas las pasiones que acompañan a toda revolución, un estudio más concienzudo y comprobado haga surgir en la conciencia nacional, un juicio correcto que me permita morir, llevando en el fondo de mi alma una justa correspondencia de la estimación que en toda mi vida he consagrado y consagraré a mis compatriotas."

El 31 de mayo de 1911, Porfirio Díaz partió al exilio a bordo del *Ipiranga*. Murió en París el 2 de julio de 1915.

# 64

## JOSÉ YVES LIMANTOUR 1854-1935

> Sostengo que con el prestigio inconmensurable del general Díaz, el crédito del país no lo funda Limantour, pues lo único que ha hecho es explotarlo.
>
> TEODORO DEHESA

José Yves Limantour, amigo y compadre de Porfirio Díaz, ocupó durante dieciocho años ininterrumpidos la secretaría de Hacienda; dirigía a Los Científicos; fue enemigo político de Bernardo Reyes y Teodoro Dehesa y, tras las negociaciones de paz que efectuó con los revolucionarios en Ciudad Juárez, fue acusado de traición a Díaz y de precipitar su caída.

Estaba de moda entonces la filosofía positivista, la cual apoyaba, pero su empeño por una administración práctica y planificada tuvo como costo la falta de una cultura política y de desarrollo social. Secundó la política represiva del dictador pero, al mismo tiempo, fue el gran artífice de la estabilidad y del crecimiento económico que vivió el país durante el porfiriato, y el responsable del primer superávit alcanzado por las finanzas públicas en la historia de nuestro país, que contó entonces con altas dosis de inversión extranjera.

Aunque era un hombre de finanzas, en lo político dio apoyó total a Díaz en todas sus reelecciones; se encargó de remover a quienes le estorbaban, como Reyes y Dehesa, y en 1904 logró impulsar a uno de sus incondicionales, Ramón Corral, como vicepresidente de la República. Pero seis años más tarde su relación con el presidente estaba desgastada, a tal punto que prefirió estar en París que en las fiestas del Centenario de la Independencia. Díaz tomó su ausencia como un desaire personal.

Limantour recibió en la capital francesa noticias del inicio de la revolución y regresó a México con la intención de mediar entre el gobierno y los revolucionarios. Incluso sugirió al presidente, en 1911, adoptar reformas políticas que satisficieran las demandas revolucionarias. El dictador aceptó y, como primera medida, pidió la renuncia a todo su gabinete. Los Científicos, que controlaban importantes capitales nacionales y extranjeros, se vieron de pronto sin el apoyo de Limantour.

El ministro de Hacienda se reunió en varias ocasiones con Madero y sus colaboradores para negociar la paz, que sólo llegó en mayo de 1911 con el triunfo de la revolución maderista y la firma de los tratados de Ciudad Juárez, en los cuales se establecía, como condición para la paz, la renuncia de Porfirio Díaz. A Limantour estas negociaciones le costaron que le llamaran traidor, aunque no aceptó ninguno de los cargos que le ofrecieron tanto Madero como Francisco León de la Barra. Su vida política terminó con la caída de la dictadura. Sólo le quedó el exilio.

## 65

### RAFAEL IZÁBAL 1854-1910

> El Coronel Kosterlitzsky y el gobernador Izábal, auxiliados por el general Torres, se encuentran en el lugar de los sucesos... La estimación aproximada de los muertos que hubo en los dos días de lucha, es de treinta y cinco mexicanos y seis americanos.
>
> MONTERREY NEWS, 4 DE JUNIO DE 1906

El 1º de junio de 1906, cerca de dos mil trabajadores mexicanos de la Cananea Consolidated Copper Co. demandaron un salario equitativo al de sus compañeros estadounidenses y jornadas de trabajo justas; los huelguistas portaban una bandera de México y un estandarte con un billete de cinco pesos, que era la cantidad demandada como salario mínimo. Rechazado su pliego petitorio por el señor William C. Green, llamaron a sus compañeros al cese de actividades.

La respuesta fue la descarga de fusiles por parte de los trabajadores estadounidenses.

El señor Green solicitó ayuda al cónsul de su país y el 2 de junio un grupo de 275 *rangers* estadounidenses entraron armados a territorio mexicano —con el apoyo de la Policía Rural porfirista y con el consentimiento del gobernador de Sonora, Rafael Izábal— para perseguir y abatir a los huelguistas. Izábal, que se había caracterizado por sus campañas de represión contra los mayos y yaquis, procedió del mismo modo contra los obreros.

Para salvar el escollo de haber aceptado el ingreso de tropas extranjeras a territorio nacional —lo cual estaba prohibido por la Constitución de 1857—, el mandatario local ordenó que los *rangers* pasaran individualmente a México y en calidad de voluntarios se unieran a sus tropas. Una vez en suelo mexicano les hizo jurar lealtad al ejército nacional y le otorgó a Thomas H. Rynning el grado de capitán. Marcharon entonces sobre el pueblo minero.

El 3 de junio se declaró ley marcial en Cananea; los líderes mineros y otros integrantes del Partido Liberal Mexicano fueron aprehendidos y enviados a prisión política en San Juan de Ulúa. Izábal quiso pasarlos por las armas, pero una orden presidencial se lo impidió. El resultado de la incompetencia del gobernador fue de treinta y cinco muertos y veintidós heridos, más de cincuenta personas detenidas y cientos de trabajadores escabullidos por temor a represalias. Los demás fueron sometidos.

El 22 de junio de 1906 Rafael Izábal se presentó en la ciudad de México para responder ante la acusación de traición a la patria. Fue absuelto y dos meses después regresó a Sonora para continuar con su gobierno. Murió durante un viaje que realizaba a Europa, por lo que su cadáver tuvo que ser tirado en alta mar.

# 66

## MIGUEL CABRERA ¿?-1910

De la más candente hoguera/ los diablos con mucho afán/ felicitan a Serdán/ porque les mató a Cabrera.

VERSO PUBLICADO EN PUEBLA
EL 19 DE NOVIEMBRE DE 1910

Miguel Cabrera, matón de profesión, pasó de ser policía a convertirse en el brazo represor del gobernador de Puebla, Mucio Martínez. Fue uno de los más feroces enemigos que hayan conocido los antireeleccionistas.

Para noviembre de 1910 era evidente para el jefe policiaco que algo sucedía en la casa de los hermanos Serdán, la cual había cateado varias veces en busca de evidencias contra los maderistas. El 17 de ese mes le informó a Mucio Martínez que sabía, por rumores, que un movimiento armado estallaría tres días después. La casa de los Serdán fue cateada nuevamente. De manera temeraria, Aquiles propuso que la revolución comenzara al día siguiente.

El día 18 de noviembre, en la casa de Santa Clara número 4, los maderistas ya esperaban a Cabrera. Habían preparado bombas caseras y alistaban las armas para el levantamiento general. A las 7:30 de la mañana llamó Cabrera. Antes de que el jefe policiaco pronunciara la frase para exigirle que se entregara, Aquiles disparó su arma y Cabrera cayó muerto en el acto. Su cadáver fue arrastrado y abandonado a mitad de la calle. En pocas horas, los Serdán fueron rodeados. Esa madrugada, Aquiles Serdán recibió un balazo al salir de su escondite.

Miguel Cabrera llegó a ser tan repudiado que un periódico poblano, al día siguiente de los hechos, publicó la siguiente esquela: "Hoy a las 8.30 a.m. murió en el seno de toditos los diablos el cobarde asesino, vil inquisidor, jefe de los soplones, Miguel Cabrera. Sus víctimas, el comercio y el pueblo en general, al participarle tan agradable noticia, lo invitan a celebrar la pérdida de tan pesada carga y el natalicio en los profundísimos infiernos del alma de tan mal hombre".

# 67

## FRANCISCO LEÓN DE LA BARRA 1863-1939

> ...si ahora no se cumple con lo que yo ofrecí en su nombre... yo quedo en ridículo y no sólo eso, sino que pueden creer que fui a traicionar [a los zapatistas] engañándoles, y a esto sí no puedo resignarme, por cuyo motivo si no se cumplen esos compromisos contraídos en Morelos... me veré en el forzoso caso de hacer declaraciones públicas, a fin de que todo el mundo sepa cuál fue mi proceder en este caso.
>
> FRANCISCO I. MADERO A
> FRANCISCO LEÓN DE LA BARRA. AGOSTO DE 1911

Con la firma de los tratados de Ciudad Juárez, el 21 de mayo de 1911, concluyó la revolución de Madero: porfiristas y rebeldes firmaron la paz, y fue designado un presidente interino, quien debía facilitar la transición al nuevo régimen, convocar a elecciones y licenciar las tropas revolucionarias.

Durante los siguientes seis meses, el gobierno de Francisco León de la Barra hizo todo lo posible para desestabilizar al futuro gobierno de Madero.

De la Barra tomó el cargo como presidente interino el 26 de mayo de 1911. Era notoria la animosidad que existía entre él y Madero: el jefe del movimiento intervenía a menudo en las decisiones del mandatario, quien a su vez hizo lo necesario para desprestigiar a Madero tanto ante los porfiristas como ante los revolucionarios. Pero los problemas comenzaron cuando De la Barra decretó que el desarme de las tropas revolucionarias, establecido en los tratados de Ciudad Juárez, debía concluirse en 1911. Después de este plazo, quien no dejara las armas sería tratado como delincuente.

En Morelos, Zapata se negó a licenciar sus tropas mientras no se cumpliera lo ofrecido por Madero en el plan de San Luis y demandó la restitución inmediata e incondicional de las tierras comunales tomadas por los hacendados. León de la Barra pensó que era la oportunidad de oro para poner en dificultades a Madero, quien se entrevistó con Zapata en Cuautla y se comprometió a darle solución al problema.

De la Barra aparentó estar de acuerdo con las negociaciones de Madero, pero envió un contingente militar al mando de Victoriano Huerta para que atacara a las huestes zapatistas avecindadas en aquel estado. Madero tuvo que salir rápidamente rumbo a la ciudad de México. La conciliación que buscaba fue imposible: para Zapata se había convertido en un traidor. Las consecuencias de la decisión de Francisco León de la Barra fueron funestas para la presidencia maderista que dio inicio en noviembre de 1911.

# 68

## JUVENCIO ROBLES ¿?-1920

> Dios te perdone Juvencio Robles / tanta barbarie, tanta maldad / tanta ignominia, tantos horrores / que has cometido en nuestra entidad. / De un pueblo inerme los hombres corren / y después de eso vas a incendiar / qué culpa tienen sus moradores/ que tú no puedas al fin triunfar.
>
> CORRIDO POPULAR

Para 1912, el estado de Morelos era un polvorín debido a la lentitud del gobierno maderista para la restitución de tierras. Los zapatistas respondían con violencia a la violencia del gobierno, que los llamaba "bandidos feroces y contumaces asesinos". Al general Juvencio Robles, quien antes había combatido a las tribus apaches en la frontera norte del país, se le encargó restablecer la paz en la entidad.

"Todo Morelos, según tengo entendido, es zapatista y no hay un solo habitante que no crea en las falsas doctrinas del bandolero Emiliano Zapata. En un lapso de tiempo relativamente corto reduciré a esa falange de bandoleros que actualmente asolan el estado de Morelos con sus crímenes y robos dignos de salvajes", comentó el general, y para ello empleó el método de la "recolonización": evacuaba los pueblos, encerraba a la gente en campos de concentración e incendiaba el lugar.

Durante varios meses, Robles quemó pueblos enteros, reconcentró a sus habitantes, realizó fusilamientos en masa y permitió la rapiña de sus hombres. Los excesos llegaron a su cumbre el 15 de febrero de 1912, cuando "recolonizó" el pueblo de Naxpa: las tropas federales lo saquearon, asesinaron a los habitantes y prendieron fuego al lugar, cuya población era apenas de ciento treinta y un niños y mujeres y cinco hombres.

En los primeros días de agosto, al enterarse Madero de estos horrores, removió a Robles y puso en su lugar al general Felipe Ángeles, quien vio con repugnancia los excesos cometidos por su antecesor: "¿Tiene derecho la sociedad que ampara los despojos que hacen los privilegiados contra los pueblos de los desheredados? ¿Tiene derecho la sociedad que permite el asesinato, por los jefes militares, de los humildes indios, víctimas de bajas y viles intrigas?

[…] No tiene derecho […] Es justificada la actitud de los zapatistas".

Tras la caída de Madero, Robles volvió a Morelos y continuó aplicando sus violentos métodos antizapatistas: depuso al gobernador, disolvió la legislatura local, encarceló a sus integrantes. Como premio, fue designado por Huerta gobernador provisional. Cuando la revolución constitucionalista triunfó, huyó al exilio.

# 69

## BERNARDO REYES 1850-1913

¿Sabe usted general Reyes, que hay quienes creen que si usted sobrevive al General Díaz... aprovechará para promover una revolución y adueñarse por la violencia, del poder supremo? Tal suposición, es una insensatez... desde que ingresé al ejército nunca he desenvainado mi espada, sino en defensa de mi patria y las instituciones, ¿cómo habría de macular mi modesta pero limpísima historia militar, haciendo criminalmente retrogradar a mi país, a la época funesta de la anarquía?

*El Imparcial*, 4 de agosto de 1908

"General Reyes, ¡así se gobierna!", le dijo Porfirio Díaz a Bernardo Reyes durante su visita a Monterrey en 1898. Como gobernador de Nuevo León por elecciones sucesivas desde 1889 hasta 1909, Reyes cumplía eficazmente su labor de soporte incondicional de la dictadura. Llamado por

Díaz en dos ocasiones a la Secretaría de Guerra y Marina, gozaba de la popularidad y el apoyo necesarios para tener una posición ventajosa con miras al poder.

Durante la crisis de 1908 tuvo la posibilidad de contender por la vicepresidencia ante el descenso de la popularidad de Los Científicos y el poco apoyo popular para Ramón Corral pero, aunque manifestó su interés en participar en las elecciones, Díaz lo sacó de la jugada: a finales de 1909 fue despojado de la jefatura de armas y del gobierno de Nuevo León y salió a Europa en un exilio disfrazado de comisión de gobierno.

Reyes acudió una vez más al llamado de Díaz ante el inicio de la revolución maderista en noviembre de 1910, pero demasiado tarde: a punto de caer la dictadura, el militar no tuvo más remedio que entrar en tratos con el régimen maderista. Así, el 1º de agosto de 1911, a escasos dos meses de las elecciones, decidió contender por la Presidencia y pidió se aplazaran las elecciones. Madero se opuso rotundamente, de manera que Reyes renunció a la candidatura y salió del país con la intención de encabezar una rebelión que lo llevara al poder con apoyo de la vieja clase porfirista.

Unos días después de que Madero asumiera la presidencia, el 16 de noviembre de 1911, Bernardo Reyes proclamó el Plan de la Soledad, por el cual desconocía los poderes emanados de la última elección y adquiría el carácter de presidente provisional. Tan pocos seguidores tuvo que se rindió el 25 de diciembre en Linares, fue conducido a la prisión de Santiago de Tlaltelolco en la ciudad de México, y gracias a Madero, la pena de muerte le fue conmutada por cárcel. Su suerte terminó unida a la de Félix Díaz, quien tras encabezar un motín contra el gobierno fue trasladado de Veracruz a la penitenciaría de la ciudad de México en el enero de 1913. Ambos urdieron un nuevo golpe militar.

La madrugada del domingo 9 de febrero de 1913, la escuela militar de aspirantes de Tlalpan y la tropa del cuartel de Tacubaya se levantaron en armas contra el gobierno de Madero bajo el mando del general Mondragón, liberaron a Bernardo Reyes y a Félix Díaz y se dirigieron a Palacio Nacional, el cual Reyes pensó que se encontraba en manos de sus hombres. Ignoraba que el general Lauro Villar, leal al gobierno, lo había recuperado.

Villar intentó convencer a Reyes de que se rindiera, pero el viejo general prefirió lanzarse a un violento enfrentamiento contra los defensores de Palacio Nacional en el que fue el primero en caer muerto. Ese fue el último día de vida de Bernardo Reyes y el primero de diez trágicos días en la historia de México.

# 70

## MANUEL MONDRAGÓN 1859-1922

> ...conocí también a cierto personaje macabro. Se llamaba Mondragón... Pronto comenzó a saberse que el director de todas las conspiraciones militares y el abanderado de futuros cuartelazos, era nada menos que este desprestigiadísimo jefezuelo.
>
> José Vasconcelos

Formado en el Colegio Militar, donde demostró talento para el arte de las armas, el general Manuel Mondragón fue nombrado Director del departamento de artillería en 1907, época en la que contaba con un alto prestigio en los círculos militares e hizo de su cargo un fructífero negocio personal mediante un porcentaje de aumento a los precios de las piezas de artillería que adquiría el gobierno mexicano en el extranjero. El negocio se le acabó al arribar Madero a la presidencia, así que pidió licencia para retirarse del ejército federal y dedicarse a conspirar contra el nuevo régimen.

Manuel Mondragón se sublevó contra Madero e instruyó a sus tropas para consumar el golpe militar que, el 9 de febrero de 1913, puso a Félix Díaz y Bernardo Reyes en libertad. Después del enfrentamiento en que Reyes resultó muerto, las fuerzas dirigidas por Manuel Mondragón se reagruparon en La Ciudadela para, posteriormente, iniciar el bombardeo contra Palacio Nacional.

Mondragón escribió a Félix Díaz en junio de 1913: "Nadie ignora que yo fui quien concibió primero el pensamiento de la Revolución; que yo mismo comprometí a la oficialidad; que yo asalté los cuarteles de Tacubaya y formé las columnas que se dirigieron a la Penitenciaría y al cuartel de Santiago; que yo igualmente abrí las bartolinas en que se encontraban el general Reyes y usted; que yo, después del desastre frente al Palacio Nacional, ocasionado por el impulsivo de Reyes y la impericia de usted, reuní la fuerza dispersa y ataqué la Ciudadela, logrando su inmediata rendición. En la fortaleza, yo dirigí la defensa, yo construí parapetos, abrí fosos, levanté trincheras y dirigí personalmente todas las operaciones militares. En una palabra, yo fui el todo durante los días de la Decena Trágica".

En la madrugada del 19 de febrero, Gustavo Madero, el hermano del presidente, fue llevado prisionero a La Ciudadela. Mondragón permitió que sus hombres se arrojaran brutalmente sobre él hasta que lo asesinaron. El premio de Mondragón tras la Decena Trágica fue su nombramiento como Ministro de Guerra y Marina, pero fue cesado del cargo el 13 de julio de 1913, por Victoriano Huerta y Félix Díaz. Su vida fue reducida al exilio en España, donde murió el 28 de septiembre de 1922.

# 71

## FÉLIX DÍAZ 1868-1945

La mentecatez, que es siempre audaz como la ignorancia, guía los pasos de un señor Félix Díaz que a título de sobrino del famoso Porfirio, se cree ungido por los hados para continuar la dinastía y prestarse a hacer un papel secundario y ramplón.

SANTOS CHOCANO

Félix Díaz tenía como única virtud ser "sobrino de su tío", de quien obtuvo puestos mediocres y cierta protección. Su figura política comenzó a enriquecerse a raíz del cuartelazo en Veracruz contra el régimen maderista y de que encabezó el movimiento que terminaría con la caída y muerte de Francisco I. Madero.

Los hechos ocurrieron el 16 de octubre de 1912: Díaz se rebeló contra el gobierno de Madero y tomó el puerto de Veracruz; recuperada la plaza el día 23, los rebeldes fueron arrestados y un consejo de guerra condenó a Díaz a muerte. Madero conmutó la sentencia por prisión. En enero del mismo año, al ser descubierta una conspiración fraguada por Díaz y Reyes para llevar a cabo un golpe militar simultáneo en el puerto de Veracruz y la ciudad de México, el sobrino del dictador fue trasladado a la penitenciaría de la ciudad de México, donde preparó el inició de la rebelión de febrero de 1913 creyéndose heredero natural de la presidencia.

Poco después, durante la Decena Trágica, Félix Díaz aceptó firmar con Victoriano Huerta el Pacto de la Embajada; ambos convinieron en formalizar el cuartelazo, desconocer el gobierno de Madero, aprehender a los mandatarios, entregar la presidencia provisional a Huerta y dejar fuera del gabinete a Díaz para que pudiera contender en las siguientes elecciones. Para desgracia de Díaz, las elecciones nunca se verificaron: Huerta decidió enviarlo a Japón a una misión especial y salió del país en octubre de 1913. Jamás alcanzaría la silla presidencial.

Félix Díaz volvió a México en 1916 para luchar contra el movimiento carrancista, pero desistió en 1920. Fue exiliado hasta 1941, año en que estableció su residencia en Veracruz. Murió en julio de 1945.

# 72

## TEODORO JIMÉNEZ RIVEROLL ¿?-1913
## RAFAEL IZQUIERDO ¿?-1913

> ...Luego Riveroll e Izquierdo / los dos con nefanda astucia / al Presidente Madero / le pidieron la renuncia.
>
> CORRIDO POPULAR

Los dos eran esbirros de la traición. Riveroll e Izquierdo, ambos miembros del ejército federal, fueron enviados a Palacio Nacional por órdenes de Huerta, para aprehender al presidente Madero. Riveroll se había caracterizado por el excesivo uso de la fuerza al participar en la campaña de pacificación en Morelos contra los zapatistas.

El 18 de febrero de 1913, mientras el presidente se encontraba en acuerdo con sus ministros, el teniente coronel Teodoro Jiménez Riveroll penetró con sus soldados en el Salón de Consejos de Palacio Nacional para aprehenderlo. Madero se opuso y Riveroll lo interceptó violentamente ordenando a sus hombres fusilarlo. Gustavo Garmendia, ayudante del presidente, que se encontraba a escasos pasos de Jiménez Riveroll en el momento en que este último puso las manos sobre Madero, sacó su pistola gritando: "Al presidente nadie lo toca", y de inmediato disparó en la sien izquierda del infidente oficial, matándolo en el acto.

Federico González Garza, testigo de los hechos, escribió: "El arma que sostiene Garmendia escupe una bala y apaga una vida cuando pega en la cabeza de Teodoro Jiménez Riveroll. Al advertir aquello, el mayor Rafael Izquierdo trata a su vez de disparar su arma contra Madero, pero la rapidez del capitán Federico Montes, ayudante también, resulta más hábil, y el otro traidor cae exánime, de un tiro. Se produce entonces una descarga cerrada contra Madero; el ingeniero Marcos Hernández, se arroja a cubrir con su cuerpo al Presidente, y al disiparse la humareda estaban muertos tres hombres, dos de ellos traidores".

Finalmente, los dos ayudantes del presidente restablecieron el orden e hicieron que la tropa desalojara el salón. El presidente convencido de que debía buscar un sitio más seguro decidió salir de Palacio Nacional, pero al bajar al patio de honor finalmente lo alcanzó el brazo de la traición: Aureliano Blanquet lo esperaba.

## 73

### AURELIANO BLANQUET 1849-1919

> El título honorífico de este Blanquet, cofrade de Victoriano Huerta, era haber sido el soldado que dio el tiro de gracia a Maximiliano. Parece que estos servicios de verdugo aseguran consideración permanente en ciertos ejércitos.
>
> José Vasconcelos

Aureliano Blanquet, comisionado para garantizar la seguridad de Francisco I. Madero y hombre de confianza del presidente —a pesar de haber sido porfirista—, se encargó personalmente de tomarlo prisionero el 18 de febrero de 1913.

Ese día, luego de que Jiménez Riveroll y Rafael Izquierdo intentaron capturarlo, Madero bajó apresuradamente por el elevador de Palacio, buscando la protección del 29 batallón al mando de Aureliano Blanquet. El general interceptó al presidente a punta de pistola: "Es usted mi prisionero", le dijo. "¡Es usted un traidor!", respondió Madero.

Por instrucciones de Huerta, Blanquet mantuvo presos a Madero y Pino Suárez en la intendencia de Palacio Nacional hasta el sábado 22 de febrero, cuando fueron trasladados a Lecumberri para ser asesinados a espaldas de la penitenciaría. El traidor se encargó personalmente de elegir a los verdugos de Madero y Pino Suárez; fue recompensado con el ascenso a general de división.

En junio de 1913, Blanquet sustituyó a Manuel Mondragón en el ministerio de Guerra, pero fue incapaz de hacer frente a la revolución constitucionalista que recorría el país. Con la derrota del huertismo, abandonó México y regresó hasta marzo de 1919 para sumarse a la revuelta contra Carranza encabezada por Félix Díaz.

"Nos veremos en México o en la eternidad", dijo al salir de Nueva York. Fue en la eternidad: el 15 de abril de 1919, pocos días después de su llegada a México, mientras huía de una feroz persecución de las tropas carrancistas a cargo del general Guadalupe Sánchez, cayó al fondo de una barranca; los carrancistas recuperaron su cadáver, le cortaron la cabeza y la exhibieron como trofeo de guerra en el puerto de Veracruz.

# 74

## HENRY LANE WILSON 1859-1932

> Yo acuso a Henry Lane Wilson, embajador de los Estados Unidos en México, ante el honorable criterio del gran pueblo americano, como responsable moral de la muerte de los señores Francisco I. Madero y José María Pino Suárez.
>
> LUIS MANUEL ROJAS

El embajador estadounidense, Henry Lane Wilson, se inmiscuyó deliberadamente en los asuntos internos del país durante el gobierno de Madero; apoyó a Victoriano Huerta y a Félix Díaz en su golpe de Estado y le negó ayuda a Sara Pérez de Madero cuando ella le pidió interceder por la vida de su marido, cuyo destino estaba en manos de Huerta.

"Madero es un loco —expresó—, un lunático que debe ser declarado mentalmente incapacitado para gobernar; la situación es intolerable y voy a poner orden. Madero está irremediablemente perdido". Y puso manos a la obra: brindó apoyo incondicional a Huerta, a quien le ofreció la embajada para conspirar con Félix Díaz para derrocar a Madero.

El 20 de febrero de 1913, Sara Pérez de Madero le pidió que intercediera con Huerta por la vida de su esposo. Wilson, aficionado al coñac y borracho en ese momento, le contestó: "ésa es una responsabilidad que yo no puedo echarme encima [...] seré franco con usted, señora, la caída de su esposo se debe a que nunca quiso consultarme". El embajador no movió un dedo para salvar al ex presidente.

Victoriano Huerta se lo agradeció en declaraciones al diario *El Imparcial*, publicadas el 8 de abril de 1913: "...me permito manifestar a usted, como caballero y como presidente de la república, que la gestión diplomática del honorable señor Wilson, ha tenido por finalidad, en las actuales circunstancias, solamente el restablecimiento de la paz en el país y la armonía entre nosotros; por cuyo motivo, hago público mi agradecimiento hacia el alto funcionario".

El presidente estadounidense Woodrow Wilson retiró del cargo a Wilson, quien se estableció en Nuevo México y quedó completamente arruinado por la crisis que en 1929 convulsionó a la Unión Americana. Murió envenenado en 1932.

# 75

## PEDRO LASCURÁIN PAREDES 1856-1952

> ...en los angustiosos momentos de discutirse la aprobación de las renuncias del Presidente Madero y del Vicepresidente Pino Suárez, nadie, absolutamente nadie, tuvo temple de héroe... nuestro deber no consistía en aquellos momentos en aceptar prudentemente las renuncias, sino en resistir la situación de felonía y de violencia.
>
> ARMANDO Z. OSTOS, PRESENTE EN LA SESIÓN DE LA CÁMARA EL DÍA 19 DE FEBRERO DE 1913

Durante cuarenta y cinco dramáticos minutos, Pedro Lascuráin Paredes tuvo en sus manos la presidencia de la República; pudo imponerse a Huerta y garantizar tanto su vida como las de Madero y Pino Suárez. Pero, amedrentado, le entregó a Victoriano Huerta, en bandeja de plata, la presidencia del país y las cabezas de los dos gobernantes.

Fue el 19 de febrero de 1913 cuando Pedro Lascuráin, presionado por Huerta, se presentó ante el presidente Madero, confinado en la intendencia de Palacio Nacional, para convencerlo de que él y Pino Suárez renunciaran a sus cargos para salvaguardar su integridad física y la de sus familias; se comprometió a trasladarlos a Veracruz, donde se embarcarían a Cuba, y acordó que entregaría las renuncias a la Cámara de Diputados cuando ambos hubieran salido del país. No se atrevió a decirle a Madero que unas horas antes los golpistas habían asesinado brutalmente a su hermano Gustavo.

Madero y Pino Suárez estamparon sus firmas sobre las renuncias y, con ellas en mano, Lascuráin intentó convencer a Huerta de que garantizara la vida de los prisioneros. Huerta sacó un medallón regalo de su madre, lo más sagrado que poseía, y dijo: "Juro sobre el blanco cabello de la cabeza de mi sagrada madre, y la memoria de su sagrada imagen, que si usted me da la renuncia del presidente yo garantizaré su vida".

Lascuráin violó las promesas hechas a Madero y presentó las renuncias ante la Cámara de Diputados, hecho que lo convirtió en el presidente más efímero de la historia nacional. Duró 45 minutos en el poder y sólo realizó dos actos de gobierno: nombró a Victoriano Huerta secretario de Gobernación y presentó su renuncia. Inmediatamente después, Huerta asumió legalmente la presidencia y, como era de esperarse, no cumplió ninguna de sus promesas. El 24 de febrero de 1913, Lascuráin asistió al entierro de Madero, a quien unos días antes había prometido salvarle la vida.

# 76

## CECILIO OCÓN

> Cecilio Ocón, el torvo Cecilio Ocón, que hace el papel de siniestro maestro del crimen, en apariencia bajo los efectos del alcohol... es verdaderamente un cobarde y un criminal irredento.
>
> José Ángel Aguilar

Cuando fue derrocado el régimen maderista, Cecilio Ocón tuvo en sus manos la suerte del hermano del presidente, quien, la madrugada del 19 de febrero de 1913, fue llevado junto con Adolfo Bassó, intendente de Palacio Nacional, a La Ciudadela.

Los prisioneros llegaron al viejo depósito de armas en un automóvil del Ministerio de Guerra; Cecilio Ocón los interrogó y ordenó su fusilamiento, pero antes permitió que Gustavo Madero fuera vejado, insultado y humillado por su tropa, y presenció cómo un oficial de apellido Melgarejo le sacó el ojo sano con una bayoneta.

Madero todavía alcanzó a invocar su fuero como diputado. Como respuesta, recibió de Ocón una violenta bofetada y las palabras: "así respetamos nosotros tu fuero". Acto seguido fue fusilado. Días después, la tarde del 22 de febrero, Alberto Morphy, simpatizante de Félix Díaz, puso a disposición de Cecilio Ocón un automóvil de su propiedad, marca Protos, para conducir a Francisco I. Madero a la penitenciaria de Lecumberri con la intención de asesinarlo en el trayecto. El crimen se consumó esa noche.

Tras su ruptura con Huerta, hacia finales de 1913, Ocón partió al exilio en Estados Unidos, donde procuró conseguir fondos para las nuevas intentonas rebeldes de Díaz. En ese punto desapareció de la historia.

# 77

## IGNACIO DE LA TORRE Y MIER 1866-1918

> Que el veintidós de febrero del año de 1913, día sábado, recibió órdenes de D. Ignacio de la Torre de llevar un automóvil al mayor Cárdenas al Palacio Nacional. Que en cumplimiento de tal orden se dirigió al sitio de automóviles de la Alameda, en donde tomó uno…y con él se dirigió al Palacio Nacional.
>
> Francisco Alanís

Ignacio de la Torre y Mier, yerno de don Porfirio Díaz, obtuvo una curul en la Cámara de Diputados en 1892 y la candidatura al gobierno del Estado de México. Pero lo convirtió en villano su enconada oposición a Madero, contra quien financiaba ataques en la prensa; y si eso no fuera suficiente, estuvo directamente implicado en su asesinato.

La tarde del 22 de febrero de 1913, Ignacio de la Torre rentó un auto Peerles perteneciente al negocio de alquiler de autos del inglés Frank Doughty. Cerca de las ocho de la noche, el chofer del negocio, Ricardo Hernández, recibió indicaciones de presentarse en Palacio Nacional y ponerse a las órdenes de Francisco Cárdenas. Minutos después, el Peerles se encontraba estacionado en el patio de honor, frente a la intendencia de Palacio, detrás del automóvil Protos conducido por Ricardo Romero.

De este lugar salió primero Francisco I. Madero, quien subió al automóvil Protos acompañado por Francisco Cárdenas y Francisco Ugalde; seguido de él, José María Pino Suárez abordó el segundo vehículo acompañado de Rafael Pimienta y Agustín Figueras. Pasadas las diez de la noche, los dos automóviles abandonaron Palacio Nacional y se dirigieron a la penitenciaría de Lecumberri.

A la mañana siguiente, el Peerles alquilado por Ignacio de la Torre fue regresado con seis agujeros de bala y con los asientos bañados en sangre. Doughty reclamó la indemnización correspondiente a Ignacio de la Torre, quien le dijo que acudiera a Palacio Nacional para que le pagaran. Victoriano Huerta borró las huellas del asesinato de Madero y, por algunos meses, De la Torre vivió tranquilamente.

Un año después, derrotado el huertismo por la revolución constitucionalista, Venustiano Carranza ordenó una exhaustiva investigación contra los involucrados en los asesinatos de Madero y Pino Suárez. El nombre de Ignacio de la Torre salió a la luz pública. Pasó varios meses en la cárcel, hasta que cayó en manos de las fuerzas zapatistas, de las que escapó en 1917. Un año después murió en un hospital estadounidense.

# 78

## FRANCISCO CÁRDENAS ¿?-1915

> ...esos servicios sólo se pueden encomendar a gente de toda la confianza, y usted sabe que son pocos en quienes se puede depositar una confianza absoluta.
>
> MANUEL MONDRAGÓN
> A FRANCISCO CÁRDENAS, 22 DE FEBRERO DE 1913

Después de servir quince años en el cuerpo de rurales, el 21 de febrero de 1913 Francisco Cárdenas solicitó ser trasladado e incorporado al ejército federal. A las trece horas del día 22 del mismo mes, recibió la orden de presentarse en el despacho del general Blanquet.

Una vez que Cárdenas estuvo al tanto de los planes para asesinar a Madero, Blanquet lo llevó al Ministerio de Guerra, donde se encontraban Cecilio Ocón, Félix Díaz y Manuel Mondragón; el nuevo conjurado preguntó los pormenores del fusilamiento, a lo que Ocón contestó que intentarían un simulacro de asalto. Cárdenas solicitó entonces hablar directamente con Huerta, quien le dijo que el consejo de ministros había tomado dicha "resolución por el bien de la patria".

Esa noche, pasadas las diez, Francisco Cárdenas se presentó en la intendencia de Palacio Nacional y ordenó a Madero y Pino Suárez que se prepararan para ser trasladados. Por instrucciones de Huerta, Felipe Ángeles permaneció en esa prisión temporal.

Los dos automóviles que esperaban en la puerta trasladaron a los prisioneros a la parte posterior de la penitenciaría de Lecumberri, donde Cárdenas obligó a Madero a descender del auto y disparó a la cabeza del expresidente. Cuatro días después fue incorporado al ejército federal y para el año siguiente había obtenido el grado de general.

Pero el gusto le duró poco: tras la caída del régimen de Huerta tuvo que huir del país; en junio de 1915 fue detenido por autoridades guatemaltecas, ante las que hizo declaraciones sobre el crimen. Se autorizó su extradición a México, pero antes que enfrentar a la justicia prefirió poner fin a su vida de un disparo.

# 79

## RAFAEL PIMIENTA

> En el trayecto al lugar del suplicio, no tuvieron el sostén ni el consuelo espiritual que no niegan los hombres civilizados ni a los más empedernidos criminales... Los asesinos cayeron sobre ellos como horda salvaje; cebáronse en las víctimas como si temiesen dejarles un átomo de vida.
>
> LUIS LARA PARDO

Rafael Pimienta era uno de los hombres de confianza de Victoriano Huerta; bajo sus órdenes llegó a la posición de teniente de rurales y junto con Francisco Cárdenas ultimó los detalles del traslado de Pino Suárez a la penitenciaría de Lecumberri.

Fue él quien, la noche del 22 de febrero de 1913, custodió a José María Pino Suárez para que abordara uno de los autos que esperaban a la puerta de la Intendencia de Palacio Nacional. Instantes después de que Cárdenas asesinara a sangre fría a Madero, Pino Suárez fue bajado a empujones del auto; intentó huir, pero Pimienta le disparó por la espalda. Y no murió: el traidor y sus hombres tuvieron que acribillarlo.

Los cadáveres de Madero y Pino Suárez fueron colocados de nuevo en los coches y trasladados al interior de la penitenciaría. Ballesteros —quien, cómplice de la conjura, estaba ese día a cargo de la penitenciaría— ordenó, a instancias de Cecilio Ocón, que los cuerpos fueran sepultados en el patio.

Desde la penitenciaría informaron de los hechos al presidente Huerta. Los dos autos utilizados durante el crimen fueron baleados intencionalmente y, por órdenes del mandatario, los cuerpos fueron desenterrados y llevados al anfiteatro de la penitenciaría, para justificar la versión oficial de los acontecimientos. Al día siguiente los periódicos informaban en primera plana:

"Los señores Madero y Pino Suárez muertos al ser llevados a la penitenciaría. Cuando se les trasladaba a esa prisión, en dos automóviles, un grupo de hombres armados pretendió libertarlos resultando muertos. Del tiroteo entablado entre asaltantes y escolta, dos de los primeros y los dos presos fallecieron".

Pimienta sorteó con suerte la revolución mexicana. Para 1920 era general en las filas de Álvaro Obregón. En 1920 fue procesado por participar en el asesinato de Pino Suárez, pero gracias a ciertas amistades obregonistas el fallo fue absolutorio.

## 80

## VICTORIANO HUERTA 1845-1916

> Huerta no se preocupa mucho por saber a quién mata. Poco le interesa la vida humana (la suya propia o la ajena). Es un hombre fuerte y astuto; y si fuese capaz de conseguir unos cuantos mirlos blancos, con apariencia de patriotas, y si los Estados Unidos no estuvieran espada en mano, tal vez podría restablecer la paz en su patria.
>
> EDITH O'SHAUGNESSY

Victoriano Huerta buscó notoriedad desde que estudiaba en el Colegio Militar. Su autoritarismo lo convirtió en pieza clave de la paz porfiriana; su crueldad fue compañera de su ambición. Era, en términos llanos, un oportunista. El dictador Díaz le concedió el honor de escoltarlo en el ferrocarril que lo condujo a Veracruz rumbo al exilio. Era mayo de 1911.

Siguió sirviendo al gobierno revolucionario tras la revolución maderista, y en varias ocasiones dijo ser el más leal de los soldados; León de la Barra lo designó para acabar con las milicias zapatistas y, cuando Madero alcanzó la presidencia, combatió a Pascual Orozco.

El 9 de febrero de 1913, primer día de enfrentamientos durante la Decena Trágica, el general Lauro Villar —comandante de la Plaza, leal al presidente— resultó herido y Madero entregó el mando militar a Huerta. Los golpistas habían sufrido una baja considerable con la muerte de Bernardo Reyes y se encontraban atrincherados en la Ciudadela en situación desventajosa. Huerta aprovechó esos días para aliarse con Félix Díaz, de quien después se deshizo, y conspiró con Henry Lane Wilson para precipitar la renuncia Madero; preparó el golpe militar; se arregló con Lascuráin para investir de legalidad la usurpación del poder y, finalmente, ordenó la muerte de Madero y Pino Suárez.

Un día después de los asesinatos de Madero y Pino Suárez, acaecidos el 22 de febrero de 1913, se leía en una nota de *El Imparcial*: "El señor presidente de la República reunió a su gabinete a las doce y media de la noche, para darle cuenta de que los señores Francisco I. Madero y don José María Pino Suárez, que se encontraban detenidos en el Palacio Nacional por disposición de la Secretaría de Guerra fueron conducidos a la Penitenciaría para mejores y mutuas garantías... fueron atacados por un grupo armado, y habiendo bajado la escolta para defenderse, al mismo tiempo que el grupo aumentó, pretendieron huir los prisioneros; que entonces tuvo lugar un tiroteo del que resultaron heridos dos de los agresores y muerto uno, destrozados los automóviles y muertos los prisioneros".

Los esfuerzos de Huerta por encubrir el magnicidio fracasaron. Ante la opinión pública, sus palabras fueron las siguientes: "...la culpa de la desgraciada muerte de los citados señores, la tienen solamente sus imprudentes partidarios". No obstante, tuvo momentos de popularidad: "por donde pasa el general Huerta queda un perfume de gloria", dijo el poeta Salvador Díaz Mirón; y el diario *El Independiente* publicó: "Huerta [...] es la esperanza de volver a la paz y a la civilización".

Hubo, claro, otras opiniones: "Al lado de la traición y de la infamia, aparecieron amordazada la prensa, callada la tribuna, cerrados los comicios y el parlamento [...] sólo se levantaron aisladas voces de indignación, que fueron ahogadas inmediatamente con la sangre de muchos mexicanos", escribió Miguel Alessio Robles. Y a ellas se sumaron los problemas de Huerta ante el avance de la revolución constitucionalista bajo el mando de Venustiano Carranza y una nueva invasión estadunidense. Huerta prefirió presentar su renuncia el 15 de julio de 1914 y huir del país. Murió a consecuencia de una cirrosis el 13 de enero de 1916 en El Paso, Texas.

# 81

## AURELIANO URRUTIA 1872-1975

> Vivo consagrado a mi profesión [...] Acepto todas las responsabilidades que me corresponden como ministro de Gobernación. Acepto todas las responsabilidades que corresponden al gobierno del general Huerta durante los meses de junio a septiembre de 1913. La historia y la justicia divina nos juzgarán a todos, a cada cual según sus obras. Si rompo mi silencio, no es para defenderme, sino para defender la verdad.
>
> AURELIANO URRUTIA, *EXCÉLSIOR*,
> 24 DE ENERO DE 1947

Aureliano Urrutia fue señalado como culpable de múltiples asesinatos políticos cometidos durante la presidencia del usurpador Victoriano Huerta. Nunca rindió cuenta de sus crímenes ante la ley, pero su negra fama y sus enemigos lo condenaron a un destierro de más de sesenta años.

Médico egresado de la Escuela Nacional de Medicina, Aureliano Urrutia prestó sus servicios como médico militar. Incorporado al 3er. Batallón de infantería en Chilpancingo, a finales del siglo XIX salvó la vida de uno de los hombres de Victoriano Huerta, quien con la laringe desecha no podía respirar, Urrutia le realizó una traqueotomía y desalojó los coágulos de su paciente succionando con la boca. Días más tarde Huerta agradecido le dijo: "cuando yo sea Presidente de la República, usted será mi Ministro de Gobernación". Así empezó entre ellos una relación de compadrazgo y favores recíprocos.

En los años siguientes, Urrutia dejó la vida militar, perdió contacto con Huerta y estableció su primer consultorio en la ciudad de México. Una tarde, llegó una persona buscando un médico, un hombre yacía sin pulso a las puertas de la cantina *La India*, se trataba de Huerta, Urrutia le salvó la vida dándole respiración artificial, provocando así que brotara pus y sangre por la boca, lo cual liberó sus vías respiratorias. Sin embargo, su ayuda incondicional a Huerta no se limitó a cuestiones de salud; en 1907 lo escondió en su consultorio, cuando el secretario de guerra Francisco Z. Mena, le dictó orden de arresto y pena de muerte por una supuesta sublevación en las montañas del Ajusco.

Los siguientes años, Urrutia gozó de una creciente fama, acumuló una fortuna considerable y se hizo de una clientela perteneciente a los altos círculos de poder. En 1912 fue el médico responsable de la operación de cataratas de Victoriano Huerta; al año siguiente fue nombrado Director de la Escuela Nacional de Medicina, y el 11 de junio de 1913 le llegó el tiempo de cosechar lo sembrado: Victoriano Huerta lo nombró Secretario de Gobernación.

Durante su estancia en la secretaría de Gobernación, Urrutia cambió la noble vocación de salvar vidas por la de acabar con ellas. Una semana después de que tomara posesión del cargo, Edmundo Pastelín, uno de los diputados "rebeldes" de la XXVI legislatura que criticaban continua y duramente al régimen huertista, fue aprehendido una noche al llegar a su casa y fusilado dos días después. Lo mismo sucedió con Pablo Castañón, Jesús Velázquez y Domingo Juárez, quienes fueron pasados por las armas sin juicio previo.

Pero ese fue sólo el principio: en agosto de 1913, el diputado Adolfo C. Gurrión se encontraba en Juchitán cuando fue aprehendido; el 17 de ese mes fue pasado por las armas por órdenes de Urrutia. Cinco días más tarde fue capturado Serapio Rendón por agentes de la secretaría de

Gobernación; Urrutia llamó al inspector general de policía, Joaquín Pita, y le ordenó su ejecución "por convenir a los intereses del país". Pita se negó. Indignado, Urrutia le dijo: "es usted un gallina, puede usted retirarse; yo me encargaré del asunto".

El antiguo médico le pasó el paquete al ministro de Guerra, Blanquet, quien en entendimiento con Francisco Chávez asignó la orden al jefe de rurales Felipe Fortuño Miramón. Serapio Rendón fue asesinado en Tlalnepantla y su cadáver fue expuesto al público durante tres días. En una entrevista, Urrutia expresó en relación a los hechos: "Lo siento mucho: yo no he tenido intervención en ese asunto, pero ya la cosa no tiene remedio".

A mediados de septiembre de 1913, Victoriano Huerta lo destituyó del cargo, pero lo compensó con una curul como senador por el Distrito Federal. Un año después, en mayo de 1914, frente al avance de los revolucionarios opositores, se mudó a San Antonio, Texas, y fracasó numerosas veces en su intento por regresar al país: los familiares de Serapio Rendón resucitaron la acusación por el asesinato cuantas veces fue necesario para evitarlo. Murió a los 103 años, después de pasar sesenta y uno en el exilio.

# 82

## FRANCISCO CHÁVEZ, ALBERTO QUIROZ, GABRIEL HUERTA, GILBERTO MÁRQUEZ Y JOSÉ HERNÁNDEZ, EL MATARRATAS

Será expedida la extradición de Huerta y Quiroz. El Matarratas los ha señalado como principales culpables del asesinato del senador Domínguez.

*El Imparcial*, 12 de agosto de 1914

La noche del 7 de octubre de 1913, Francisco Chávez recibió órdenes de Victoriano Huerta de liquidar al senador Belisario Domínguez por el incendiario discurso que había distribuido clandestinamente unos días antes, en el cual fustigaba al régimen y pedía la salida de Huerta del poder. Chávez llamó al teniente coronel Alberto Quiroz, Jefe de la gendarmería de a pie, y a Gabriel Huerta, Jefe de las Comisiones de Seguridad, para que ejecutaran el crimen. El propio presidente confirmó que el mandato provenía de él.

Poco antes de la media noche, los asesinos llegaron al cuarto número 16 del segundo piso del hotel Jardín y secuestraron al senador. Antes de salir del hotel, Belisario Domínguez le pidió al velador: "hágame el favor de avisarle a mi hijo por la mañana, cuando venga, que voy con la reservada". Lo llevaron rumbo al Panteón de Coyoacán, pero detuvieron el auto unos metros antes y continuaron a pie. Márquez le disparó por la espalda, a la cabeza, y Quiroz lo remató de dos tiros. Despojaron el cuerpo de sus ropas, las incineraron, y con los quince pesos que encontraron en los bolsillos del muerto pagaron al sepulturero para que se deshiciera del cuerpo.

Después de una exhaustiva investigación se logró esclarecer el crimen y los autores materiales fueron aprehendidos. La exhumación del cadáver de Belisario Domínguez se realizó el 14 de agosto de 1914. Fue trasladado al Panteón Francés.

# 83

## RODOLFO FIERRO 1880-1915

> Una de sus morbosidades es matar prisioneros, tiene innata la disposición de verdugo, la misma voluptuosidad de esos sacrificadores de hombres que acaban por encallecerse en el oficio y sentir la necesidad de ejercitarlo para que no se enmohecieran sus herramientas.
>
> Ramón Puente

Rodolfo Fierro ingresó a las filas de la División del Norte, comandadas por Francisco Villa, en septiembre de 1913. Temerario y leal, a su cargo quedaban las misiones más arriesgadas. Su actuación destacada en la batalla de Tierra Blanca, que dio a Villa el mando de Ciudad Juárez, lo convirtió en su segundo al mando. Fue leal a Villa en lo más difícil de la campaña contra Victoriano Huerta, en las tomas de Torreón, San Pedro de las Colonias, Paredón y Zacatecas, y lo acompañó a la Convención de Aguascalientes.

Feroz y desalmado, era el verdugo, el encargado de dar muerte a los prisioneros, y se divertía "cazándolos". Entre los revolucionarios le apodaban "el carnicero". Ramón Puente escribió sobre él: "A Fierro se le hacía agua la mano (según su propia expresión), cuando la posaba en la cacha de su pistola. Está profundamente alcoholizado cuando se deleita en fusilar prisioneros y se ríe con risa diabólica al sentir que su pistola se calienta a tal grado que tiene que cambiarla".

Fierro asesinó al ciudadano inglés William Benton, cuya muerte, además de provocar más tarde un conflicto internacional, avivó rencillas entre los revolucionarios. En el periódico *El Imparcial* del 20 de julio de 1914 se publicó: "Francisco Villa acaba de ascender a Rodolfo Fierro, a quien se le señaló como responsable de la muerte del inglés Mr. Benton. Se estima este asunto como una ofensa para Carranza, quien pedía que Villa le abriera proceso a Fierro. Nadie duda que Villa concedió la promoción a Fierro, para contrariar a Carranza, y se considera que su ascenso puede dar lugar a incidentes que harán más honda la división entre los jefes de la revuelta."

A manos de Fierro también acabó la vida de Tomás Urbina, general y compadre de Villa, porque "ya no ocultaba su propósito de emanciparse de la autoridad"; y si esto fuera poco, el villista fue responsable del asesinato de varios miembros del gobierno durante la ocupación de la ciudad de México en diciembre de 1914.

Rodolfo Fierro murió ahogado al cruzar una laguna cerca de Casas Grandes, Chihuahua. Se dice que mientras el resto de la tropa rodeaba el lago, Fierro —atrevido y valentón— se entercó en cruzarlo. "Nadie del mundo pudo quitarle la vida a Fierro y este charco desgraciado se la quitó", dijo Villa.

# 84

## TOMÁS URBINA 1877-1915

Durante la revolución siguió siendo lo que siempre había sido: un bandido cuyo principal objetivo en la vida era acumular tanta riqueza como pudiera. Su hacienda de Las Nieves parecía un señorío feudal. Gracias al robo, la confiscación, la extorsión y los secuestros, acumuló riquezas enormes. Organizaba expediciones de saqueo y ejecutaba a todos los enemigos reales y potenciales.

FRIEDRICH KATZ

Conocido como el León de Durango, Tomás Urbina era amigo y compadre de Francisco Villa antes de comenzar la lucha revolucionaria. Era dueño de la Hacienda de las Nieves en el pueblo del mismo nombre que prácticamente le pertenecía: controlaba los abastecimientos, aplicaba la ley, disponía libremente de las rayas y acaparaba las tierras. Villa le concedió el grado de general.

Se sumó a la revolución con su propia brigada, compuesta por gente que reunía de entre los ranchos duranguenses. El 18 de junio de 1913, los revolucionarios bajo sus órdenes ocuparon, incendiaron y saquearon la ciudad de Durango. En octubre de 1913 fracasó en la toma de Torreón, pero al llegar Villa a esa ciudad organizó las fuerzas duranguenses y las propias para formar el núcleo de la División del Norte. A partir de entonces, él y sus tropas operaron bajo las órdenes de Villa.

Luis Aguirre Benavides, secretario particular de Villa, describió a Urbina como "un hombre de inteligencia limitada, pero de temperamento feroz"; cometía excesos en las zonas que se encontraban bajo su mando, perpetraba crímenes y actos de extorsión, y sus principales intereses eran enriquecerse y gozar de los privilegios del cacicazgo.

En septiembre de 1914, mientras Francisco Villa decidía dar o no muerte a Álvaro Obregón, el único de sus hombres que se mostró entusiasta con la idea del asesinato fue Tomás Urbina: "Oiga, compadre, si no quiere echarse la responsabilidad de la muerte de Obregón, entréguemelo a mí que yo haré todo y cargaré con el muerto".

Durante la ocupación de la ciudad de México, el general Urbina estableció su cuartel general en un vagón de tren de la estación de ferrocarriles y se dedicó al secuestro y la extorsión: Juan Carbón, un hombre rico de Puebla, fue secuestrado en su casa de Paseo de la Reforma y llevado al tren; lo colocaron frente a un pelotón de fusilamiento y fue cruelmente torturado hasta que consintió en entregar el dinero que se le pedía.

Si esto no bastara, el 9 de septiembre de 1915, Tomás Urbina fue descubierto en tratos amistosos con la facción carrancista; Villa no tuvo más remedio que reconocer que su compadre Urbina, además de insubordinado, era desleal, y consintió en que Rodolfo Fierro lo fusilara. El propio Villa declaró a la prensa que había tenido que matar a Urbina porque "mandaba fusilar a cuantas personas incurrían en su desagrado".

# 85

## ALFONSO SANTIBÁÑEZ ¿?-1916

> Santibáñez, ebrio de vino y cólera, arengó a los soldados y dijo: 'a fusilar'. Sacaron a los compañeros que estaban abajo presos y los llevaron a la 'pompa' y los fusilaron. Era una madrugada de horror; los trenes ardiendo, Santibáñez borracho, los soldados en confusión y el fusilamiento de nuestros amados compañeros.
>
> PROFESOR ALFONSO HERRERA, SOBREVIVIENTE

Alfonso Santibáñez se dedicó al comercio hasta 1911, cuando decidió ingresar a la vida política de su natal Oaxaca; inmiscuido en la muerte de su rival político Carlos Woolrich, el gobernador de Oaxaca, Benito Juárez Maza, lo destituyó del cargo de jefe político de Tehuantepec y lo envió a prisión para ser procesado. En 1913 se fugó de la cárcel con apoyo de un grupo armado y se refugió en la sierra de Guedea tras saquear los negocios de sus enemigos.

Santibáñez se unió a la causa carrancista y recorrió los pueblos de la sierra mixe causando serios problemas a los federales. Después del triunfo del constitucionalismo, Jesús Carranza le otorgó el grado de general. El oaxaqueño asistió en octubre de 1914 a la convención de Aguascalientes y cuando volvió al Itsmo sus fuerzas habían sido movilizadas; para sustituirlas se le hizo fácil reclutar efectivos entre gente de dudosa honorabilidad, como los antiguos soldados huertistas.

A finales de 1914 empezó a correr el rumor de que tendría que dejar su cargo para ser sometido a juicio por órdenes superiores, quienes sospechaban de su deslealtad. En el mes de diciembre, el general Jesús Carranza —su superior— regresó al Istmo de Tehuantepec; cuando pasaba por la guarnición de San Jerónimo, fue hecho prisionero por el general Santibáñez junto con su hijo Abelardo, un sobrino, su escolta y su Estado Mayor. Al enterarse del secuestro, Venustiano Carranza envió una columna para atacar a Santibáñez, y éste respondió con un telegrama en el cual le indicaba que para dejar en la libertad a su hermano debía entregar medio millón de pesos e igual cantidad de cartuchos.

Al ver que continuaba el avance de la columna constitucionalista, Santibáñez ordenó fusilar a todos los militares que acompañaban a Jesús Carranza; sólo dejó vivos a este último y a sus familiares; después, ordenó a Jesús telegrafiar a su hermano para que suspendiera la orden de ataque y rescate.

Venustiano Carranza respondió con un telegrama definitivo: "Hace tres días declaré públicamente que seguiría una política de absoluta intransigencia para los enemigos [...] Esta promesa tengo que cumplirla en el primer caso que se me presentó que es precisamente el tuyo [...] Cuando te pongan en libertad y yo conozca los hechos, entonces podré resolver lo que convenga, pero no debo hacerlo bajo la presión moral que se me quiere imponer [...] no pasaré por algún arreglo que hagas con Santibáñez, a quien haré responsable de las consecuencias de su conducta". Once días después, el 11 de enero de 1915, luego de una larga caminata por la sierra mixe de Oaxaca, Jesús Carranza, su hijo y su sobrino fueron asesinados.

Alfonso Santibáñez disolvió su columna y se dio a la fuga. Pagó por sus crímenes hasta agosto de 1916, cuando ya se habían sumado a su lista de víctimas un agente zapatista y dos ex oficiales federales.

# 86

## JOSÉ INÉS CHÁVEZ GARCÍA 1889-1918

Famoso por sus virtudes animales y sus vicios de hombre.

LUIS GONZÁLEZ Y GONZÁLEZ

José Inés Chávez García, conocido como el Atila michoacano o el ave negra de la Revolución, fue un bandido sanguinario que entre los años de 1915 y 1918, bajo la bandera villista, sembró el terror en las regiones de Michoacán, Guanajuato y Jalisco.

Muchos fueron los pueblos que sufrieron de la crueldad de Chávez García, quien en combinación con otros revolucionarios, como Joaquín Amaro, intercambiaba información acerca de los hombres de dinero que podían ser extorsionados y de las poblaciones que debían ser castigadas.

Mataba a sangre fría, violaba a las mujeres, ordenaba ejecuciones masivas y la quema de poblados enteros, y cuando veía que estaba cerca de caer en manos de la justicia, fingía la huida para volver después, cuando sus víctimas, confiadas, descansaban pensando que se habían librado de él.

A finales de 1917, Chávez García se presentó en Degollado, Jalisco; la gente del pueblo que se oponía a la rendición ofreció resistencia por más de seis horas hasta que agotó el parque; las mujeres se escondieron en pozos y sótanos, y los hombres se refugiaron en el templo. Pero ningún escondite era obstáculo para las hordas de Chávez, que se apoderaron del templo, apuñalaron a los hombres y los colgaron en un fresno frente a la iglesia. Después entraron a las casas para robarlas y quemarlas, y de paso ultrajar a las mujeres que en ellas se escondían. Ese día murieron más de setenta hombres a quienes se les erigió un monumento en el pueblo.

La noche del 10 de noviembre de 1918, los vecinos de Purépero, Michoacán, supieron que las avanzadas de Chávez García se acercaban para procurarse medicinas y capturar a un médico y un sacerdote con la intención de llevarlos al poblado de Sauquito, lugar donde Chávez García se retorcía en convulsiones, devorado por la fiebre y atormentado por los dolores.

El terrible asesino murió al día siguiente víctima de influenza española. "Tal fue el fin del feroz bandido —señalaba una nota de *El Nacional* del 20 de noviembre de 1918—. La nueva de su muerte voló por todas partes [...] ahora se sabe en todo Michoacán, cuyos habitantes tienen motivos sobrados para regocijarse por tal acontecimiento."

# 87

## EMILIANO P. NAFARRATE 1882-1918

> El asesino del general Aguirre Benavides y de doce de sus acompañantes murió cobardemente en Tampico, en una riña vulgar. Hasta en la manera de morir, el uno se distinguió del otro. Un valiente de un cobarde, ambicioso y rapaz como un cuervo.
>
> Armando Araujo

Emilio Nafarrate formó parte del famoso 21º Cuerpo Rural que se sublevó contra Huerta tras participar en la Decena Trágica, y cuyos hombres se trasladaron desde la ciudad de México hasta Tamaulipas para atacar Ciudad Victoria a finales de abril de 1913.

Incorporado a las fuerzas revolucionarias del general Lucio Blanco, Nafarrate participó en la toma de Matamoros, y desde entonces se le vio la crueldad: el 3 de junio de 1913 Nafarrate fusiló a un grupo de jóvenes, pertenecientes a las defensas sociales, un grupo de voluntarios agrupados en el Instituto Literario de San Juan. La muerte de estos diecinueve jóvenes, aunque sólo le valió una reprimenda de sus superiores, le dio el apodo de la Pantera de Matamoros.

El indomable carácter de Nafarrate le permitió una vertiginosa carrera militar dentro de las fuerzas carrancistas, coronada por los más encarnizados combates contra los villistas. Gonzalo N. Santos, que con igual facilidad disponía de las vidas ajenas, definía a Nafarrate como "buen militar y mejor asesino".

En 1915, Eugenio Aguirre Benavides, uno de los principales generales de la División del Norte, abandonó la causa villista y se dirigió a los Estados Unidos acompañado por algunos de sus compañeros. Debido a que era imposible usar los ferrocarriles, emprendieron su viaje por tierra con una fuerte cantidad de dinero y un salvoconducto otorgado por los carrancistas.

El 1º de junio, Aguirre Benavides y sus acompañantes fueron capturados por las fuerzas de Nafarrate, quien pasando por alto el salvoconducto ordenó que fueran pasados por las armas. Tampoco tomó en cuenta los telegramas para que se respetara la vida de los prisioneros: al amanecer del

2 de junio, Aguirre y 12 acompañantes fueron fusilados. Como premio, Nafarrate fue designado diputado constituyente en 1917.

La noche del 11 de abril de 1918 Nafarrate, entonces senador de la República, se divertía en uno de los burdeles de Tampico que solía frecuentar. Nunca quedaron claras las razones que lo llevaron a la muerte, pero de pronto se vio enfrascado en una riña que le costó la vida. "Dicen que murió desgarrado y arañado de todo su cuerpo, cayendo exánime en un charco de sangre. Dios nos ha hecho justicia", escribió la madre del general Eugenio Aguirre Benavides al enterarse de la noticia.

# 88

## PABLO GONZÁLEZ 1879-1950

> ...el carrancismo, en su rabia impotente, ha asolado las poblaciones, quemado casas, destruyendo sementeras, saqueando en las casas hasta las más humildes prendas de vestir, y cometiendo en las iglesias sus acostumbrados desmanes.
>
> EMILIANO ZAPATA

El general Pablo González, que se había destacado como jefe del Ejército del Noreste en la lucha contra Huerta de 1913 a 1914, encabezó y dirigió la violenta campaña de pacificación contra los zapatistas en 1916; fue el autor intelectual del asesinato de Emiliano Zapata, y en 1920, tras años de lealtad a Carranza, se levantó en armas en su contra y dio apoyo a la rebelión de Agua Prieta.

La violencia con la que las tropas del general Pablo González arrasaron con los zapatistas fue igual o peor que la empleada por Victoriano Huerta y Juvencio Robles durante las campañas de 1911 y 1913: todo campesino sospechoso de ser partidario de Zapata era asesinado "fríamente, salvajemente y con un lujo de violencia que horroriza"; quienes corrían con la suerte de no ser pasados por las armas eran conducidos a campos de concentración, incendiados y destruidos sus pueblos.

El 2 de mayo de 1916, Pablo González, con cerca de treinta mil hombres, avanzó a Morelos desde Guerrero con apoyo aéreo; setenta y dos horas después, las principales poblaciones del estado ya estaban en sus manos. Autorizó que se volvieran a establecer los campos de concentración y ordenó la muerte de los curas de Cuautla y Tepetates, simpatizantes del zapatismo. El 5 de mayo ordenó a los guerrilleros que entregaran las armas y dio órdenes a su subordinado Rafael Zepeda de fusilar a 225 prisioneros en Juitepec. La población civil desalojó los pueblos y huyó a las montañas.

Para fines de mayo, Pablo González ya había enviado mil quinientos prisioneros a México. En junio de 1916 se apoderó del cuartel general de Emiliano Zapata en Tlaltizapán y, además de obtener un cuantioso botín, dio muerte a ciento treinta y dos hombres, ciento doce mujeres y cuarenta y dos niños.

El 13 de agosto, Zapata intentó infructuosamente recuperar Tlaltizapán. Los carrancistas simularon que había triunfado y lanzaron al vuelo las campanas de la iglesia; cuando la gente salió a las calles a celebrar, se dio la orden de degüello y los constitucionalistas fusilaron sin miramiento a todo lo que se moviera. La matanza duró más de una hora y costó la vida a más de 180 personas. Los pueblos de los alrededores fueron incendiados y las cosechas saqueadas.

En noviembre de ese año, González decretó la pena de muerte, sin juicio, a todo zapatista. Posteriormente, cuando fue nombrado gobernador de Morelos el general Dionisio Carreón, saqueó impunemente el estado: cargó vagones enteros de mercancía robada de las fincas azucareras y de las casas abandonadas, que después fueron vendidas en el tianguis de la estación de tren de Mixcoac.

Pero su prioridad, Emiliano Zapata, continuaba eludiendo las fuerzas carrancistas, hasta que gracias al ambicioso Jesús M. Guajardo logró fraguar la traición que daría muerte a Zapata en abril de 1919. El año siguiente González secundó la rebelión de Agua Prieta en contra de Carranza. Sus ambiciones presidenciales lo obligaron a tomar las armas en Monterrey para quitar del camino a Álvaro Obregón, pero fue aprehendido y condenado a muerte. De la Huerta le salvó la vida y Pablo González prefirió entonces el exilio.

# 89

## JESÚS MARÍA GUAJARDO 1880-1920

Motivo de satisfacción es para mí afiliarme a la causa revolucionaria por la que usted ha luchado, así como los informes que ha tenido de distintos jefes, de que soy hombre de convicciones y de ideas firmes, lo cual demostraré a usted con hechos.

Jesús M. Guajardo a Emiliano Zapata,
1 de abril de 1919

Jesús M. Guajardo se unió en 1913 a las fuerzas del general Pablo González; su participación fue discreta hasta que mostró sus sanguinarias dotes en la campaña carrancista contra el zapatismo, a partir de 1916. Carranza le concedió el grado de general y cincuenta mil pesos de plata por consumar la traición que acabó con la vida de Emiliano Zapata.

Ya a principios de 1919 el movimiento zapatista estaba casi aniquilado debido la escasez de suministros materiales y humanos, situación que aprovechó Pablo

González para confabularse con Jesús M. Guajardo. En marzo de ese año Guajardo recibió una reprimenda por una falta cometida en estado de ebriedad. El incidente fue exagerado para que llegara a oídos de Zapata junto con el rumor de que el militar, por diferencias con Pablo González, estaba dispuesto a desertar del Ejército Federal con hombres y pertrechos de guerra.

Zapata cayó en la trampa: invitó al carrancista a unirse a su revolución y estableció con él una relación epistolar en la que, para ganarse su confianza, Guajardo mostró siempre respeto y obediencia, siguiéndole el juego hasta que Zapata le exigió una prueba de lealtad: la cabeza de Victoriano Bárcenas, un ex zapatista que se había rendido a las fuerzas carrancistas con todos sus hombres, y quien en los últimos meses había dejado una estela de muerte y destrucción por todo Morelos.

Guajardo mandó fusilar a Bárcenas y a cincuenta y nueve de sus hombres en la plaza de Jonacatepec. Con esto quedó satisfecho Zapata y permitió que Guajardo se le acercara. Ambos se conocieron personalmente el 9 de abril de 1919 en Tepalcingo y quedaron de reunirse nuevamente al día siguiente, en la hacienda de San Juan Chinameca, para hacer la entrega formal de los cartuchos que el traidor prometió al revolucionario.

La mañana del 10 de abril, Zapata y sus hombres se acercaron a la Hacienda de Chinameca, pero se retiraron ante rumores de que los federales se acercaban; lo intentaron del nuevo al mediodía y, esta vez, Guajardo envió 20 hombres a la entrada de la hacienda para "hacerle los honores" e invitarle una cerveza. Tan pronto ingresó Zapata al lugar, comenzó la matanza. El mayor Salvador Reyes Avilés, secretario particular del caudillo del sur, dejó la descripción más exacta y más dramática del asesinato:

"Vamos a ver al coronel, que vengan nada más diez hombres conmigo, ordenó. Y montando su caballo, un alazán que le obsequiara Guajardo el día anterior, se dirigió a la puerta de la casa de la hacienda. Le seguimos diez, tal como él lo ordenara, quedando el resto de la gente, muy confiada, sombreándose debajo de los árboles y con las carabinas enfundadas. La guardia uniformada parecía preparada a hacerle los honores. El clarín tocó tres veces la llamada de honor, y al apagarse la última nota, al llegar el general en jefe al dintel de la puerta, de la manera más alevosa, más cobarde, más villana, a quemarropa, sin dar tiempo para empuñar ni las pistolas, los soldados que presentaban las armas descargaron dos veces los fusiles, y nuestro inolvidable general Zapata cayó para no levantarse más".

Carranza concedió a Guajardo el grado de general. Al año siguiente, bajo el mandato de Adolfo de la Huerta, Jesús Guajardo se levantó en armas y fue aprehendido en Monterrey. Lo fusilaron de inmediato.

# 90

## FÉLIX SALAS

> Fui invitado por Félix Salas a ir a refugiarme a su lado en unas cuevas donde me proporcionaba alimentos y me protegía, pero luego me traicionó entregándome a las fuerzas del gobierno.
>
> Felipe Ángeles

El mayor Félix Salas combatió en las filas villistas como jefe de escolta de Martín López, uno de los hombres más cercanos a Francisco Villa en su última etapa como militar, de 1919-1920. Después de la muerte de López, Salas pidió a Villa licencia para visitar a su familia, pero tenía intención de acogerse a la amnistía ofrecida por los carrancistas. Su nombre como revolucionario aún sería desconocido de no ser por los seis mil pesos que aceptó por traicionar a Felipe Ángeles.

En junio de 1919 Ángeles, frustrado por no haber podido convencer a Villa para crear un frente común nacional por el bien de México, decidió separarse definitivamente de sus huestes y dedicarse a que otros revolucionarios se unieran a la Alianza Liberal que trataba de organizar. Decepcionado ante su fracaso y cansado de cabalgar a salto de mata durante meses, aceptó la propuesta de Félix Salas para esconderse en una cueva en el cerro de las Moras, Chihuahua.

"Encontrándome yo en condiciones bastante difíciles en la sierra —escribió Ángeles—, en donde llegué a pasarme días enteros sin probar alimento, Félix Salas, antiguo jefe de la escolta de Martín López, me ofreció que me hospedara en su casa, que no era otra cosa que una cueva donde vivía en unión de su mujer".

Así, mientras el revolucionario esperaba un momento propicio para dejar su guarida, Salas se rindió a los carrancistas y, por seis mil pesos y la amnistía para él y cinco de sus hombres, delató al antiguo villista. Condenado a muerte por un tribunal militar, Ángeles fue fusilado el 26 de noviembre de 1919. De Salas no volvió a saberse.

# 91

## RODOLFO HERRERO 1880-1964

> A los pocos minutos era rodeada la choza del señor Carranza y se rompía violentamente el fuego… el Presidente desde un principio recibió un tiro en una pierna… Otra nueva herida recibió y su respiración se hizo fatigosa, entrando en agonía.
>
> Francisco L. Urquizo

Rodolfo Herrero combatió tenazmente al régimen carrancista desde antes de la rebelión de Agua Prieta, bajo las órdenes de Manuel Peláez en la huasteca veracruzana. En marzo de 1919 se rindió ante el general carrancista Francisco de P. Mariel a cambio de que se respetara su grado de general, y se ofreció a guiar y custodiar a Venustiano Carranza en su huida hacia Veracruz. Así se convirtió en un asesino.

En mayo de 1920, el exitoso avance de la rebelión de Agua Prieta, encabezada por Calles y De la Huerta, obligó a Carranza a dejar la ciudad de México para establecer su gobierno en Veracruz. Rodolfo Herrero, conocedor de la región, se unió a la caravana en la sierra poblana y prometió garantizar la vida del mandatario. Aunque desconfiaba de él, Carranza se vio obligado a aceptar su ayuda.

La tarde del 20 de mayo de 1920 la comitiva llegó a Tlaxcalantongo, donde Herrero, señalando una choza, dijo al presidente: "Este será, por ahora, su Palacio Nacional" y, con el pretexto de que un hermano suyo se encontraba gravemente herido, solicitó permiso para retirarse. Cerca de las 4 de la madrugada del día siguiente, los hombres de Herrero rodearon la choza y, al grito de ¡Muera Carranza!, la acribillaron. Cinco tiros acabaron con la vida de don Venustiano. Los miembros de la comitiva del mandatario fueron tomados prisioneros y enviados a la ciudad de México.

El 24 de mayo de 1920, el general Obregón ordenó que Herrero se presentara en la ciudad de México para responder por el asesinato de Carranza pero, aunque el traidor fue dado de baja del ejército como presunto responsable del crimen, todo fue una farsa. Herrero siempre sostuvo que Carranza se había suicidado.

Así, en 1923, se autorizó su reincorporación al ejército para combatir al nuevo enemigo de Obregón: Adolfo de la Huerta. Su carrera como militar prosiguió sin mayor distinción hasta el régimen de Lázaro Cárdenas, cuando finalmente lo dieron de baja de las fuerzas armadas del país.

# 92

## JESÚS SALAS BARRAZA 1888-1956

Si Villa volviera a nacer, lo volvería a matar, porque nunca pagará los crímenes que cometió.

JESÚS SALAS BARRAZA

Jesús Salas Barraza, diputado local del distrito de Concepción del Oro en Durango, fue el autor intelectual y material de la emboscada que terminó con la vida de Francisco Villa el 20 de julio de 1923. El Centauro del Norte se había retirado desde 1920 a la Hacienda de Canutillo para vivir alejado de las armas y de la vida política, aunque en 1922, al acercarse la sucesión presidencial, habló en favor de Adolfo de la Huerta. Esto bastó para que Obregón y su candidato, Calles, vaticinaran una futura rebelión del Centauro del Norte.

A principios de julio de 1923, Salas Barraza decidió encabezar la planeación del asesinato de Villa acompañado por Melitón Lozoya, José Barraza, Juan López Sáenz Pardo,

José Sáenz Pardo, Librado Martínez, Román y José Guerra, Ruperto Vera y Gabriel Chávez. Las nuevas llegaron a oídos de Obregón, quien no movió un dedo para impedir el crimen. Por su parte, Plutarco Elías Calles se puso en contacto con el coronel Félix C. Lara, jefe de la guarnición de Parral, Chihuahua, para garantizar la impunidad de Salas Barraza y sus cómplices.

La emboscada se llevó a cabo el 20 de julio de 1923, en Parral. Al día siguiente publicó *El Informador*: "El general Francisco Villa salió esta mañana y, cuando cruzaba el puente denominado Guanajuato que se encuentra cerca de Parral, un grupo de hombres que se encontraban a ambos lados del puente emprendieron un asalto sobre Villa y sus acompañantes, tanto Villa como Trillo, quedaron muertos en el mismo instante, juntamente con sus acompañantes… se dice que el asesinato de Villa, no obedece a otra cosa que a algunos disturbios de carácter político".

Durante los días sucesivos, la prensa llenó sus páginas con distintas versiones de lo sucedido. La más certera, comprobada con el paso de los días, señalaba que los asesinos habían rentado dos habitaciones en una de las esquinas del Jardín Juárez, en Hidalgo del Parral y, al acercarse el auto en el que viajaba Villa dispararon en repetidas ocasiones.

Al poco tiempo, Jesús Salas Barraza fue detenido sin poner resistencia alguna y se confesó responsable del asesinato, desmintió categóricamente el hecho de que "altos funcionarios" del gobierno hubieran intervenido en el crimen e insistió en que "sólo quiso vengar a la sociedad de tantas infamias y crímenes de que fue objeto por parte del bandolero Villa".

Salas Barraza fue juzgado y condenado a setenta años de prisión, con las agravantes de alevosía y premeditación. Sin embargo, fue indultado en febrero de 1924 y no dio ni una sola muestra de arrepentimiento: "tan luego como se le concedió el indulto —señaló una nota de *El Informador*—, Salas Barraza salió de Chihuahua en compañía de su esposa y sus cuatro hijas. Probablemente dejará a su familia radicada en El Paso y volverá pues, como consecuencia del asalto de los villistas a Jiménez, Barraza ofreció formar un cuerpo de voluntarios para combatirlos".

# 93

## CLAUDIO FOX 1886-¿?

> Los asesinatos monstruosos de la carretera de Cuernavaca constituyeron una de las páginas más patéticas y sombrías de nuestra turbulenta Historia Patria.
>
> MIGUEL ALESSIO ROBLES

Claudio Fox fue Jefe de operaciones del estado de Guerrero, lugar donde consumó diversos actos criminales que le valieron la baja durante el mandato de Emilio Portes Gil. Pero su carácter sanguinario vio su clímax cuando perpetró el asesinato del candidato a la presidencia Francisco R. Serrano y trece acompañantes en Huitzilac, Morelos, el 3 de octubre de 1927.

Ya a fines de septiembre de ese año Serrano sabía que no tenía posibilidad de ganar las elecciones contra Álvaro Obregón, así que se alió al general Arnulfo R. Gómez, decididos ambos a evitar la reelección del general por medio de las armas si era preciso; su intención era aprehender a Álvaro Obregón, Plutarco Elías Calles y Joaquín Amaro el 2 de octubre, durante una exhibición de maniobras militares en los llanos de Balbuena. Consumado el golpe, designarían a un presidente interino y convocarían a elecciones. Confiado, Gómez salió con destino a Veracruz para movilizar tropas en caso de que el golpe en la ciudad de México fallara, y Serrano informó a la prensa que iría a Cuernavaca a festejar su santo.

El 2 de octubre, Serrano esperaba ansioso en la ciudad morelense las noticias de lo acontecido en el Distrito Federal. Al inicio del día siguiente se enteró de que el golpe había fracasado y, unas horas más tarde, él y sus acompañantes fueron aprehendidos. Joaquín Amaro había desarticulado rápidamente el intento de golpe mientras, en el Castillo de Chapultepec, Calles y Obregón decidían el destino de los prisioneros.

"¿Para qué traerlos a México, si de todos modos se ha de acabar con ellos? Es preferible ejecutarlos en el camino", expresó Obregón; Calles y Amaro consintieron. Joaquín Amaro mando llamar a Claudio Fox, quien se presentó en el castillo de Chapultepec y recibió la orden por escrito:

"Sírvase marchar inmediatamente a Cuernavaca acompañado de una escolta de 50 hombres para recibir a los rebeldes Francisco R. Serrano y personas que lo acompañan, quienes deberán ser pasados por las armas sobre el propio camino a esta capital por el delito de rebelión contra el gobierno constitucional de la República". La orden estaba firmada por el presidente Plutarco Elías Calles y llevaba la bendición de Álvaro Obregón.

A Cuernavaca llegó el mandato de trasladar a los prisioneros a Tres Marías, donde debían ser entregados al general Claudio Fox. Serrano y sus acompañantes fueron obligados a subir a los automóviles con las manos atadas con alambre de púas. La carretera fue cerrada entre Tres Marías y Huitzilac, donde los presos descendieron de los automóviles y fueron obligados a caminar a orillas de la carretera.

Serrano estaba acompañado por los generales Carlos A. Vidal, Miguel A. Peralta y Daniel Peralta; por los licenciados Rafael Martínez de Escobar —ex diputado constituyente— y Otilio González, el ex general Carlos V. Araiza y lo señores Alonso Capetillo, Augusto Peña, Antonio Jáuregui, Ernesto Noriega Méndez, Octavio Almada, José Villa Arce y Enrique Monteverde. Fox ordenó su ejecución al coronel Marroquín, quien con una pistola en una mano, una ametralladora en la otra y la boca colmada de insultos no dejó a ninguno de los prisioneros con vida.

Los cuerpos fueron trasladados al Castillo de Chapultepec, donde Álvaro Obregón, al llegar frente al cadáver de Serrano, dijo: "Pobre Panchito, mira cómo te dejaron", y señaló: "a esta rebelión ya se la llevó la chingada". Al día siguiente los diarios publicaron la versión oficial de los hechos: "El general Francisco R. Serrano, uno de los autores de la sublevación, fue capturado en el estado de Morelos con un grupo de sus acompañantes por las fuerzas leales que guarnecen aquella entidad y que son a las órdenes del general de brigada Juan Domínguez. Se les formó un consejo de guerra y fueron pasados por las armas. Los cadáveres se encuentran en el Hospital Militar de esta capital".

Serrano fue sepultado en el Panteón Francés; tiempo después, casi de manera clandestina, catorce cruces fueron colocadas a un costado de la carretera vieja a Cuernavaca que dan testimonio, hasta nuestros días, del lugar donde Claudio Fox ejecutó la matanza de Huitzilac.

# 94

## ROBERTO CRUZ 1888-¿?

Si no fuera por el curita, por Pro, yo no tendría esa fama de troglodita, de hombre primitivo, de matón. Y pasaría por lo que soy: por un hombre culto, fino... Que lo hagan santo, si quieren ¿qué esperan? A mí me da igual y me tiene sin cuidado. Bien saben que si Pro es elevado a los altares, como dicen los católicos, no será santo de mi devoción.

ROBERTO CRUZ

Roberto Cruz fue uno de los oficiales de Álvaro Obregón durante la campaña constitucionalista. En 1921, fue nombrado subsecretario de guerra y marina, cuando el titular era Francisco R. Serrano. En octubre de 1927, por motivos de su "amistad" con Serrano, pidió a Obregón ser relevado de la orden de ejecutarlo, pero no hizo nada para evitar la matanza de Huitzilac. En noviembre del mismo año, fusiló por órdenes del presidente Calles al padre Miguel Agustín Pro.

Los hechos ocurrieron como sigue: en noviembre de 1927, Roberto Cruz llevó a cabo la investigación por el atentado dinamitero que sufrió Obregón en el bosque de Chapultepec. Cruz señaló como responsables del atentado a Humberto Pro Juárez, a su hermano, el padre Miguel Agustín Pro Juárez y al ingeniero Guillermo Segura Vilchis. Sin que la autoridad competente conociera del caso, y sin juicio alguno, Calles ordenó a Roberto Cruz que los pasara por las armas.

Roberto Cruz permitió que periodistas y fotógrafos estuvieran presentes durante la ejecución e, indebidamente ataviado de militar, dirigió el fusilamiento y fue el encargado de dar el tiro de gracia al sacerdote, quien fue beatificado por el papa Juan Pablo II el 25 de septiembre de 1998.

Acerca de ese día escribió Gonzalo N. Santos en sus *Memorias*: "¿Qué no te acuerdas [Roberto] que tienes muy ofendida a la reacción y al clero porque uniformado de general de división fusilaste, a una cuadra del Caballito, al ingeniero Guillermo Vilchis, el cura Pro Juárez y a su hermano Humberto Pro Juárez? ¿Qué no recuerdas que los periódicos reaccionarios de entonces hicieron hincapié en que cuando presenciabas los fusilamientos saboreabas con deleite un gran puro habano?"

# 95

## CONCEPCIÓN ACEVEDO DE LA LLATA, LA MADRE CONCHITA 1891-1979

"La cuestión religiosa no puede arreglarse. ¿Cree usted, madre, que pudiera arreglarse esta cuestión si mueren el general Obregón, el general Calles y el Patriarca Pérez?" Dice León Toral que ella contestó: "Sí, no se arreglará mientras ellos no mueran".

FRAGMENTO DE LAS DECLARACIONES
DE JOSÉ DE LEÓN TORAL

Concepción Acevedo de la Llata, mejor conocida como la madre Conchita, se hizo famosa en la historia de México por su presunta implicación en el asesinato del presidente electo Álvaro Obregón a manos de León Toral. Fue acusada por ello el 17 de julio de 1928. Y es que, durante la persecución religiosa de los años veinte, la madre Conchita había tenido que cambiar frecuentemente de domicilio por ser religiosa y vivir en comunidad.

Los católicos más fanáticos, entre los que se encontraba ella, conspiraban y azuzaban a ciertos fieles a terminar con la vida de algún político de gran importancia, como Calles u Obregón con el fin de poner fin al conflicto. Desde su perspectiva, un magnicidio podría evitar males mayores, como la persecución religiosa. Y fue así como, en marzo de 1928, el destino quiso que conociera a León Toral, quien acudía a la casa ubicada en Chopo número 133 a escuchar misa, comulgar y buscar asistencia espiritual.

En una de sus pláticas, Toral comentó que para solucionar las cuestiones religiosas debían morir Calles y Obregón. Esta plática, que la madre Conchita insistió en no recordar, fue la prueba para que se le acusara de ser cómplice del asesinato. Durante su juicio, que estuvo lleno de irregularidades, sufrió varios intentos de linchamiento por parte de los seguidores de Obregón.

Finalmente, el 6 de noviembre fue declarada culpable y condenada a veinte años de prisión en las islas Marías, de donde salió nueve años después al ser absuelta por un tribunal popular.

# 96

## JOSÉ DE LEÓN TORAL 1900-1929

> Yo soy el único responsable; maté al general Obregón porque quiero que reine Cristo Rey, pero no a medias sino por completo.
>
> JOSÉ DE LEÓN TORAL

El 1º de julio de 1928, Álvaro Obregón fue reelecto presidente de México. El 17 de ese mes, la diputación del estado de Guanajuato le ofreció un banquete en el restaurante La Bombilla, ubicado en San Ángel, donde también se encontraba un desconocido que había logrado convencer a los organizadores de sus habilidades como caricaturista: José de León Toral.

Proveniente de una familia profundamente católica e incorporado de lleno en las organizaciones de resistencia cívico-religiosa frente al gobierno, León Toral creía que terminar con la vida de Obregón era la única manera de acabar con la persecución religiosa en México. Decidió cometer el magnicidio a cambio de su vida.

Durante el banquete en La Bombilla, Toral mostró sus caricaturas a los comensales y, luego de algunos minutos, se acercó al general Obregón para enseñarle su retrato; en ese instante sacó una pistola de entre sus ropas y le disparó a quemarropa. José de León Toral fue aprehendido con vida. Aquel joven delgado, callado, de discreta personalidad, acabó con la vida del único general invicto de la revolución. Después de un juicio de siete meses en el que sus defensores alegaron "delirio de tipo místico", fue condenado a muerte y fusilado la mañana del 9 de febrero de 1929.

# 97

## TOMÁS GARRIDO CANABAL 1890-1943

Existe en México un estado denominado Tabasco, y al cual la naturaleza colmó de tantos dones que un día los dioses se pusieron celosos... allí el árbol del bien y del mal apenas producía el primero, y los dioses hicieron que el árbol echara el segundo fruto, y como primer espécimen de la cosecha soltó a un bípedo bimano... se decía llamar Garrido Canabal. Y el bípedo, por la ley de la cachiporra, del colmillo más fuerte y del zarpazo que mayor cantidad dc sangre derrama, se encaramó sobre el pavor de todas aquellas gentes buenas y sencillas, y se hizo Gobernador del Estado.

LUIS C. SEPÚLVEDA, *EL INFORMADOR*,
13 DE NOVIEMBRE DE 1931

Tomás Garrido Canabal fue gobernador de Tabasco de 1919 a 1934 en periodos interrumpidos. Durante su gobierno mantuvo un cacicazgo de corte militar y tintes fascistas; promovió la persecución religiosa solapada por Plutarco Elías Calles; creó ligas de resistencia; "compartió" el poder con su familia; proscribió la libertad de prensa y de reunión; cambió la educación laica por la educación racionalista con libros de texto socialistas, y promulgó una serie de leyes absurdas en las que fueron sesgadas las libertades esenciales.

La persecución del mandatario local contra los católicos incluyó el asesinato de sacerdotes, o su obligación de casarse; el cierre de todas las iglesias y la destrucción de altares; además, orilló al pueblo a comer carne los días de vigilia, suprimió la Navidad, prohibió símbolos religiosos en las tumbas y proscribió la palabra "dios" y todas las que lo aludieran, como "adiós". El pasatiempo de los empleados públicos bajo su gobierno era formar en las calles filas de imágenes de santos y "fusilarlas".

Pero no sólo imágenes religiosas fueron pasadas por las armas: en noviembre de 1931, *El Informador* denunció en sus páginas la barbarie ejecutada por Garrido: "Confírmese la noticia de que el gobernador Garrido Canabal ordenó que fueran ahorcados ochenta y cinco campesinos de Villa Guerrero porque éstos en acción de justicia colectiva lincharon al alcalde Chables de ese pueblo, por haber estuprado y dado muerte a una niña de pocos años. Chables era uno de los secuaces mimados de Garrido Canabal [...] En salsas fuertes nadie puede superar al Garrido caníbal de Tabasco".

En 1933, el gobernador creó el Bloque de Jóvenes Revolucionarios conocido como los Camisas Rojas, "un grupo de choque que allanaba domicilios, destruía imágenes religiosas, humillaba a los bebedores y apaleaba a los políticos antigarridistas". Posteriormente, convertido en secretario de Agricultura durante la presidencia de Cárdenas, se trasladó a la ciudad de México.

El 30 de diciembre de 1934, al momento que los feligreses católicos salían de misa en la parroquia de Coyoacán, un grupo numeroso de Camisas Rojas atacó a los fieles. Fallecieron seis. Después de esta matanza, el presidente Cárdenas le pidió la renuncia y Tomás Garrido Canabal marchó al exilio a Costa Rica. Murió en Los Ángeles, California, en 1943.

# 98

## GONZALO N. SANTOS 1897-1978

> Sí, declaro que un pinche muerto más o menos no me va a quitar el sueño, que no me voy a rajar de un hecho que yo haya cometido o mandado cometer, ni aquí en la tierra ni en el cielo, a donde seguramente tendré que ir a rendir declaración de mi paso por la tierra; o tal vez al infierno, pero como soy de tierra tan caliente no me va a afectar la temperatura.
>
> GONZALO N. SANTOS

Gonzalo N. Santos fue un cacique violento, corrupto y arbitrario, miembro fundador del Partido Nacional Revolucionario (PNR), cinco veces consecutivas diputado federal y senador, y gobernador de San Luis Potosí de 1943 a 1949. Modificó la Carta Magna para promover la reelección de Obregón y se opuso a la no reelección de las Cámaras, que dio por resultado —según sus propias palabras— "el aborregamiento del poder legislativo, borregada que continúa produciendo abundante lana hasta la fecha".

En marzo de 1929, recién fundado el PNR, Gonzalo Escobar encabezó un movimiento contra Emilio Portes Gil que fue sofocado al poco tiempo, pero que sirvió de pretexto para que Gonzalo N. Santos lanzara un discurso en el que, además de amenazar a los opositores, auguraba el fracaso democrático del país:

"Camaradas de la Revolución, ¡a la guerra como a la guerra! Allá vamos a contestarles, en el terreno en que nos han citado. Quisimos demostrar ante el mundo entero que no queríamos una gota más de sangre en nuestra patria; que este ensayo cívico de este PNR resolviera las funciones cívicas del futuro; que el partido que se sienta más fuerte que nosotros y dueño de la razón, se nos enfrentase en el terreno del civismo, pero no quiere eso la reacción clerical."

Si estas palabras no lo hubieran hecho célebre, le habría dado fama la más conocida de sus frases: "La moral es un árbol que da moras o sirve para una chingada", la cual siguió al pie de la letra; como ejemplo, en 1929, durante la campaña electoral, amedrentó, ametralladora Thompson en mano, a los partidarios de José Vasconcelos.

Pero también lo distinguió su servilismo: la tarde del domingo 7 de julio de 1940, día de elecciones presidenciales, el candidato oficial Manuel Ávila Camacho recibió, como obsequio de Santos, una gran cantidad de insignias violentamente arrebatadas por el cacique a los ciudadanos que vigilaban la casilla donde el presidente Cárdenas emitió su voto. Opositor a Almazán, esa mañana la había pasado aterrorizando a los seguidores del candidato.

Durante el periodo presidencial de Manuel Ávila Camacho, Santos preparó la iniciativa de ley para ampliar el periodo de los gobernadores de cuatro a seis años; aprobada esta ley, gobernó el estado de San Luis Potosí de 1943 a 1949, periodo durante el cual controló las fuerzas políticas del estado, incluyendo la prensa. Terminado su periodo, continuó manejando a su antojo a quienes lo sucedieron hasta que en 1957, ante la proximidad de las elecciones federales y las locales en San Luis Potosí, varios grupos de oposición intentaron desmantelar su cacicazgo.

Tras intensas y violentas movilizaciones sociales, en una de las cuales un agente disparó e hirió de muerte a un niño, el gobierno de Adolfo López Mateos negoció con los opositores al régimen de Santos el nombramiento de un gobernador interino en 1959. Después, durante las elecciones locales de 1961, el gobierno federal le dio la espalda a Santos. En 1978, el presidente López Portillo aprobó un decreto que expropiaba gran parte de las propiedades del cacique, quien murió el 17 de octubre de 1978 en la ciudad de México.

# 99

## DANIEL FLORES 1907-1932

> Actué solo, sin cómplices, lo ataqué [a Pascual Ortiz Rubio] por considerarlo ilegítimo en vista de que las elecciones fueron falseadas y porque, al morir usted, el licenciado José Vasconcelos ocuparía la Presidencia.
>
> Daniel Flores

En las elecciones presidenciales de 1929, Pascual Ortiz Rubio se alzó triunfador sobre José Vasconcelos. Después de tomar protesta como presidente de la República, el 5 de febrero de 1930, Pascual Ortiz Rubio se trasladó a Palacio Nacional para recibir las acostumbradas felicitaciones. Cuando el presidente, ya en su automóvil, se retiraba a su casa acompañado por su esposa, su hija, una sobrina y su secretario particular, un joven vestido de negro disparó seis tiros hacia la parte trasera del vehículo; una de las balas hirió la cara del presidente y otra rozó una oreja de su esposa.

El agresor fue inmediatamente detenido; declaró ser estudiante y llamarse Daniel Flores, pero se negó a decir los motivos del crimen. El joven fue sentenciado a 19 años de prisión en marzo de 1931, pero no llegó a cumplir su condena: el 23 de abril del año siguiente lo encontraron muerto en su celda. Un día antes, Gonzalo N. Santos tuvo una conversación con el Procurador General de la República, José Aguilar y Maya, la cual reprodujo en sus *Memorias*:

"Estamos dando un feo espectáculo con eso de los tormentos a Flores, dirigidos por el general Eulogio Ortiz y por Manuel Riva Palacio; estos son muy arbitrarios y muy pendejos. Flores está a tu disposición teóricamente y tú eres el responsable también teórico de su vida, uno de estos días, más bien dicho una de estas noches, entre Eulogio y la pioja Riva Palacio le van a mandar aplicar la ley fuga y ellos no tendrán ninguna responsabilidad, pues el reo está a tu disposición. Lo mejor para Flores y para todos nosotros es que le mandes dar a beber un brebaje, pues así él ya no seguirá sufriendo tormento y nosotros no vamos a quedar en evidencia con un procedimiento tan choteado como es la ley fuga".

Dos hermanos de Daniel Flores murieron asesinados tres días después del supuesto suicidio de su hermano; al parecer estaban dispuestos a develar los nombres de los autores intelectuales del atentado contra Ortiz Rubio. La verdad nunca se supo.

## 100

### EULOGIO ORTIZ 1892-1947

> El general Eulogio Ortiz estaba poseído de un deseo sanguinario de eliminar gente. Un día recuerdo que me dijo: ¡Qué hay, Mazcorro! Ya me anda por matar... De una vez dígame a cuántos encuentra culpables.
>
> José Mazcorro

Conocido como el Tigre de Durango, Eulogio Ortiz participó en la revolución mexicana desde sus inicios hasta 1923; asumió la comandancia militar del Valle de México en 1924; fue feroz perseguidor de católicos en 1926 y luchó contra la rebelión de Gonzalo Escobar en 1929. Cazador y verdugo de los enemigos del gobierno, fue señalado como responsable de la matanza de vasconcelistas en Topilejo, allá en 1930.

La historia señala que en las primeras horas del 15 de agosto de 1926 los habitantes del Chalchihuites, Zacatecas, se reunieron en la plaza del pueblo para protestar contra el proceder arbitrario de los militares en contra de la religión católica. Eulogio Ortiz ordenó las aprehensiones del cura Batis y cuatro jóvenes pertenecientes al movimiento de Acción Católica, y dio la orden de hacer fuego contra la muchedumbre. Los prisioneros fueron obligados a bajar del vehículo y, frente al terror de los pobladores, los cinco recibieron un disparo en la cabeza. Su intolerancia llegó a tal punto que durante la guerra cristera fusiló a uno de sus soldados por llevar consigo un escapulario.

"Desde el fondo de mi calabozo dirijo a ustedes estas líneas, portadoras de mi protesta más enérgica contra los procedimientos salvajes y criminales llevados a cabo por el general Eulogio Ortiz, encargado de este cuartel [...] la bestia negra que aquí nos juzga me anunció que tendría que agotar todos los métodos inquisitoriales", escribió el periodista Librado Rivera, el 10 de marzo de 1929, tras ser arrestado y torturado por Eulogio Ortiz por la publicación de un artículo contra el presidente Emilio Portes Gil.

El 24 de enero de 1930 fueron sorprendidos en una oficina de la ciudad de México los vasconcelistas Román R. Millán, su hermano y 17 personas más. Detenidos todos, fueron trasladados con lujo de violencia a la Inspección General de Policía, donde sufrieron tortura física y psicológica mediante simulacros de fusilamiento. Unos días después, el 5 de febrero, después de la toma de posesión de Pascual Ortiz Rubio y del atentado en su contra, Eulogio Ortiz, intensificó sus actividades contra los vasconcelistas. Docenas de ellos desaparecieron misteriosamente.

Ortiz, con ayuda del policía José Mazcorro, llevó a cabo personalmente las aprehensiones; los prisioneros fueron internados en la hacienda de Narvarte, cuartel del 51° Regimiento de Caballería, donde fueron interrogados y torturados. La noche del 14 de febrero de 1930 se les condujo hacia la carretera vieja a Cuernavaca, les proporcionaron palas y picos, y los bajaron en Topilejo para cavar sus propias fosas. Uno por uno fueron ahorcados. De estas "desapariciones" los diarios guardaron silencio absoluto hasta que, el 9 de marzo, fueron encontrados los cuerpos.

Eulogio Ortiz continuó activo en el ejército hasta que murió en Querétaro, en 1947, de un ataque cardiaco.

# 101

## MAXIMINO ÁVILA CAMACHO 1891-1945

> En Puebla el mando lo tenía el gobernador del estado, general de división Maximino Ávila Camacho, digo el mando y no el gobierno, porque mandaba en la zona militar, en la jefatura de Hacienda, en los telégrafos, en el correo, en la superintendencia de los ferrocarriles y en el episcopado.
>
> GONZALO N. SANTOS

Maximino, el extravagante, ambicioso y soberbio hermano mayor de Manuel Ávila Camacho, se destacó en el movimiento revolucionario por su crueldad; militó en el constitucionalismo, pero en 1920 secundó la rebelión de Agua Prieta y en 1924 combatió en Morelia a las fuerzas delahuertistas. En contraste con el ánimo conciliador de su hermano Manuel durante la guerra cristera, Maximino combatió a los católicos con ferocidad y en 1930 estuvo involucrado en las torturas de los vasconcelistas que fueron asesinados en Topilejo.

Como gobernador de Puebla, cargo al que ascendió en 1937, reprimió y censuró los movimientos obreros, y acumuló una cuantiosa fortuna que provenía de la corrupción que acostumbraba el hermano del mandatario. Furiosamente antizquierdista, mantuvo al estado fuera de las transformaciones cardenistas y fundó un grupo político que mantuvo el poder en la entidad hasta 1975.

Cárdenas designó candidato oficial a la presidencia en 1939 a Manuel Ávila Camacho, quien resultó electo ante la furia de su hermano. Resignado, Maximino esperaba un puesto en el gabinete, pero Manuel lo instó a seguir al frente del gobierno poblano hasta que concluyera su mandato, dos meses después. La oportunidad de cumplir su capricho le llegó en 1941, cuando el general de la Garza, presentó su renuncia a la Secretaría de Comunicaciones por "por motivos de enfermedad". Maximino tomó su lugar.

Al poco tiempo de haber tomado el cargo, quedó de manifiesto para todos que la intención del hermano del mandatario era usar el puesto como peldaño para la presidencia y para obstaculizar la candidatura presidencial de Miguel Alemán Valdés, a quien llamó facineroso y amenazó de muerte.

El 17 de febrero de 1945, durante la inauguración del Centro de Asistencia destinado a la Confederación Regional Obrera, en Atlixco, Maximino Ávila Camacho pronunció su último discurso: "Si la reacción presenta un candidato contrario a los postulados de la Revolución, militaré en las filas de la Revolución para defender los postulados de 1910". Poco después fue invitado a un banquete que las autoridades municipales de Atlixco ofrecían en su honor, pero sintiéndose indispuesto fue necesario trasladarlo a Puebla, donde murió pocos minutos más tarde a consecuencia de un síncope cardiaco. Así, la sucesión presidencial en 1946 quedó allanada para Miguel Alemán.

# Bibliografía

Alamán, Lucas, *Historia de México*. México, FCE, 1985.

*Así fue la revolución mexicana*, Vol. 8. México, Senado de la República/Secretaría de Educación Pública, 1985.

Bustamante, Carlos María de, *Cuadro histórico de la revolución mexicana de 1810*. México, INEHRM, 1985.

Clavijero, Francisco Javier, *Historia antigua de México*. México, Porrúa, 1987.

Cortés, Hernán, *Cartas de relación*. México, Porrúa, 1992.

*Crónica ilustrada de la Revolución Mexicana*, 6 vols. México, Publex, 1966-1968.

Díaz del Castillo, Bernal, *Historia verdadera de la conquista de la Nueva España.* México, Porrúa, 2002.

*Diccionario histórico y biográfico de la Revolución Mexicana.* México, INEHRM, 1994.

*Diccionario Porrúa de historia, biografía y geografía de México*. México, Porrúa, 1995.

Dulles, W.F., John, *Ayer en México*. México, FCE, 2000.
Galindo y Galindo, Miguel, *La gran década nacional*. México, FCE, 1987.
Ixtlilxóchitl, Fernando de Alva, *Obras históricas*. México, Instituto Mexiquense de Cultura/ IIH-UNAM, 1997.
Juárez, Benito, *Documentos, discursos y correspondencia*. México, Secretaría del Patrimonio Nacional, 1964.
Krauze, Enrique, *La presidencia imperial*, México, Tusquets editores, 1997.
Meyer, Jean, *La revolución mexicana*. México, Jus, 1991.
Martínez, José Luis, *Hernán Cortés*. México, FCE-UNAM, 1990.
Miquel I. Vergés, José María, *Diccionario de insurgentes*. México, Porrúa, 1980.
Mora, José María Luis, *Obras completas*. México, SEP/Instituto de Investigaciones Dr. José María Luis Mora, 1994.
Rivera Cambas, Manuel, *Los gobernantes de México*, 3 vols. México, Transcontinental de Ediciones Mexicana, 1988.
Riva Palacio, Vicente, *México a través de los siglos*. México, UAM Azcapotzalco/INAOE/ El Colegio de Jalisco, 2007.

Rosas Alejandro, *et al.*, *Historia de México a través de sus gobernantes*. México, Planeta, 2003.

Santos, Gonzalo N., *Memorias*. México, Grijalbo, 1986.

Taibo, Paco Ignacio, *Pancho Villa: una biografía narrativa*. México, Planeta, 2006.

Taracena, Alfonso, *La verdadera revolución mexicana*. México, Porrúa, 1992.

Thomas, Hugh, *La conquista de México*. México, Patria, 1994.

Torre Villar, Ernesto de la, *Lecturas históricas mexicanas*. México, UNAM, 1998.

Torquemada, Juan de, *Monarquía indiana de México*. Porrúa, 1986.

Vasconcelos, José, *La tormenta*. México, Jus, 1978.

——, *Ulises criollo*. México, Trillas, 1998.

Villalpando, José Manuel, *Amores mexicanos*. México, Planeta, 1998.

www.paperofrecord. com

Womack Jr., John, *Zapata y la revolución mexicana*. México, Siglo XXI, 1985.

Zavala, Lorenzo de, *Ensayo histórico de las revoluciones de México desde 1808 hasta 1830*. México, Instituto Cultural Helénico/FCE, 1985.

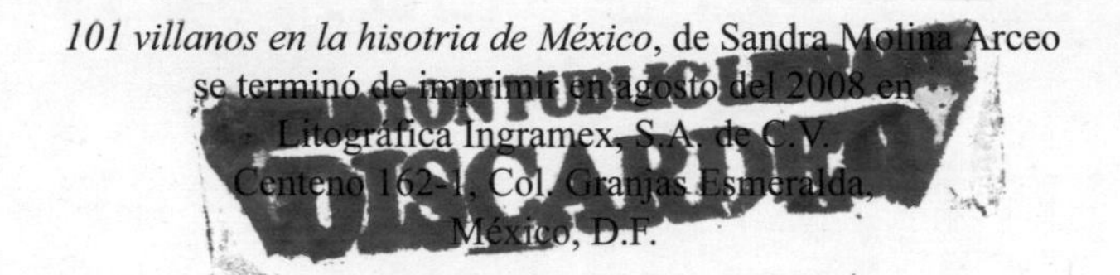

*101 villanos en la hisotria de México*, de Sandra Molina Arceo
se terminó de imprimir en agosto del 2008 en
Litográfica Ingramex, S.A. de C.V.
Centeno 162-1, Col. Granjas Esmeralda,
México, D.F.